90个交易公式

让你轻松成为

聪明投资人

护城河工 ◎ 著

立信会计 出版社
LIXIN ACCOUNTING PUBLISHING HOUSE

图书在版编目（CIP）数据

90个交易公式让你轻松成为聪明投资人/护城河工
著. -- 上海: 立信会计出版社, 2015.8（2021.3重印）
（擒住大牛/荣千主编）
ISBN 978-7-5429-4720-8

Ⅰ.①9··· Ⅱ.①护··· Ⅲ.①股票投资—基本知识

Ⅳ.①F830.91

中国版本图书馆CIP数据核字(2015)第136314号

策划编辑　蔡伟莉
责任编辑　方士华
封面设计　久品轩

90个交易公式让你轻松成为聪明投资人

出版发行	立信会计出版社			
地　　址	上海市中山西路2230号		邮政编码	200235
电　　话	（021）64411389		传　　真	（021）64411325
网　　址	www.lixinaph.com		电子邮箱	lxaph@sh163.net
网上书店	www.shlx.net		电　　话	（021）64411071
经　　销	各地新华书店			

印　　刷	北京柯蓝博泰印务有限公司			
开　　本	787毫米×1092毫米		1/16	
印　　张	13.5		插　　页	1
字　　数	213千字			
版　　次	2015年8月第1版			
印　　次	2021年3月第2次			
书　　号	ISBN 978-7-5429-4720-8/F			
定　　价	39.00元			

如有印订差错，请与本社联系调换

每波行情到来时，都有大批新股民争相入市，一项调查显示，近八成新股民对股市只有一知半解，这是一件让人忧虑的事情，如果新股民对股市的一些基本知识、一些必须掌握的计算方法公式都懵懵懂懂，又如何能做到从股市中赢利呢？

新股民是最易"受伤"的投资者，他们对于股票的选择缺少研究、弄不清赔赚点位，不清楚自己的交易成本、读不懂上市公司的财务数据……于是股市中渐渐就又多了一批套牢的、割肉的，恐惧的股民。要知道股票投资是一门学问而不是一种赌术，投资者应该踏实地从股票投资的基础知识学起，要想在股市中赚钱，就需要精通选股、买股、看股的技术，而这些都离不开基本的计算。

选股。在选定一只股票进行投资前，股民要对其基本面财务数据进行分析，因为上市公司的所有行为都可以通过其财务数据体现。分析该公司的净利润增长率、主营收入增长率、净资产增长率、可持续增长率、每股收益、资产负债率、每股净资产、每股股利、营业利润、净收益营运指数、每股经营活动产生的现金流量净额、现金营运指数以及市净率和市盈率等财务指标，了解其计算方法及数值意义可以让投资者更好地把握该公司股票的未来走势。

买股。在买入股票时，股民应准确掌握自己的交易成本、保本价格、个股除权除息价格，这样才能减少交易损耗，管理好个人投资资金。

看股。在持股过程中，同样需要通过计算来把握股票的买卖点、上涨空间、买卖收益、庄家持仓成本等。

现在，每一位投资者都应该问问自己，是否能够掌握股价涨跌停，股票除权除息计算器，分红派息、送股、配股、转配股的计算；是否了解上市公司应收账款周转率、每股收益、净资产收益率、现金运营指数、速动比率的计算；是否熟练股票买卖成本、买卖点、庄家持仓量的计算方法？如果答案是否定的，那么投资者就有必要仔细阅读本书。

《90 个交易公式让你轻松成为聪明投资人》是广大新股民科学投资股票的好帮手，它是为解决炒股过程中繁杂的计算而编写的。该书将股票投资各个环节中所必须掌握了解的计算公式汇总详解，既有公式详解，又有例题解析，让新股民在最短时间内掌握股票方方面面的计算公式及计算方法，在炒股过程中不必再为种类繁多的计算而烦恼，轻松把握持股成本，了解盈亏情况。

更重要的是，对于普通投资人而言，本书给出的各种计算公式只需要通过简单的加减乘除就能完成，不需要具备微积分、微分方程知识或者高等数学能力。相信投资者在看过本书后，都会获得投资股票和提高收益的方法，提升个人的炒股技能。

目 录

第一章 股票价格计算公式

1. 股票成本价格计算

股票投资者在委托买卖股票时应支付各种费用和税收，很多股民对股票买卖手续费和股票交易成本价格都不是很了解，这里将给出股票成本价格的标准计算公式和计算方法。

目前，投资者在我国券商交易上交所和深交所挂牌的 A 股、基金、债券时，需缴纳的各项费用主要有：委托费、佣金、印花税、过户费等。

委托费，这笔费用主要用于支付通讯等方面的开支。一般按笔计算，原来交易上海股票、基金时，上海本地券商按每笔 1 元收费，异地券商按每笔 5 元收费；交易深圳股票、基金时，券商按 1 元收费，现在大部分券商这项费用已经取消，因此我们在计算中就对此项忽略不计。

佣金，这是投资者在委托买卖成交后所需支付给券商的费用。上海股票、基金及深圳股票均按实际成交金额的 X‰（$0 < X \leqslant 3$）向券商支付，上海股票、基金成交佣金起点为 10 元；深圳股票成交佣金起点为 5 元；深圳基金按实际成交金额的 X‰收取佣金；债券交易佣金收取最高不超过实际成交金额的 2‰，大宗交易可适当降低。

印花税，投资者在买卖成交后支付给财税部门的税收。上海股票及深圳股票均按实际成交金额的 1‰支付，此税收由券商代扣后由交易所统一代缴。债券与基金交易均免缴此项税收。

过户费，这是指股票成交后，更换户名所需支付的费用。由于我国两家交易所不同的运作方式，上海股票采取的是"中央登记、统一托管"，所以此费用只在投资者进行上海股票、基金交易中才支付此费用，深股交易时无此费用。此费用按成交股票数量（以每股为单位）的1‰支付，不足1元按1元收。

上海股票的交易费用如下：

佣金：成交金额的 X‰ （0 < X ≤ 3，3 为上限），双向，买卖都要交。
印花税：成交金额的 1‰ （单向）。
过户费：成交面值的 6‰，不足 1 元按 1 元收取。
委托费：0。

深圳股票的交易费用如下：
佣金：成交金额的 X‰ （0 < X < = 3，3 为上限），双向，买卖都要交。
印花税：成交金额的 1‰ （单向）。
过户费：深市免收过户费。
委托费：0。

而股票交易费用（沪市单边）的计算公式为：

（1）过户手续费 = 股票面值 ×1 ‰
（2）印花税 = 成交金额 ×1 ‰
（3）佣金 = 成交金额 ×3‰
（4）每股实际成本（买入）=（价格 × 数量 + 过户手续费 + 印花税 + 佣金）÷数量

下面我们就以实例来说明这种计算方法。

【例 1 -1】假设某投资者买 2000 股沪市股票，成交价格是 20 元每股，佣金是 0.3%。我们来计算一下其交易费用：

成交金额：2000 ×20 =40000 （元）

佣金：$0.003 \times 40000 = 120$（元）

印花税：0（单向收费，只有卖出才交）

过户费：2000 股 $\times 0.0006 = 1.2$（元）

费用合计：$120 + 0 + 1.2 = 121.2$（元）

清算金额是：$40000 + 121.2 = 40121.2$（元）

成本价就是：$40121.2 \div 2000 = 20.061$（元）

这里我们不妨再延伸一下，例子中这只股票以什么价格卖出不亏本？

假设以 X 元卖出，那么：

佣金：$0.003 \times 2000X$

印花税：$0.001 \times 2000X$

过户费：$2000 \times 0.0006 = 1.2$（元）

费用合计：$0.004 \times 2000X + 1.2$

清算金额：$2000X - (0.004 \times 2000X + 1.2)$

根据等式：卖出的清算金额 = 买入的清算金额

$2000X - (0.004 \times 2000X + 1.2) \doteq 40121.2$

$X = 20.89$（元）

就是说以 20.9 元卖出就不亏本了。

2. 股票理论价格计算

股票代表的是持有者的股东权。这种股东权的直接经济利益，表现为股息、红利收入。股票的理论价格，就是为获得这种股息、红利收入的请求权而付出的代价，是股息资本化的表现。

静态地看，股息收入与利息收入具有同样的意义。投资者是把资金投资于股票还是存于银行，这首先取决于哪一种投资的收益率高。按照等量资本获得等量收入的理论，如果股息率高于利息率，人们对股票的需求就会增加，股票价格就会上涨，从而股息率就会下降，一直降到股息率与市场利率大体一致为止。

按照这种分析，可以得出股票的理论价格公式为：

股票理论价格 = 股息红利收益 ÷ 市场利率

不过这个公式成立是有条件的：假设公司不再外延式扩张、假设公司永续经营、假设公司按照固定比例分红、假设市场利率永远不变。
下面我们就通过例子来说明这种计算方法。

【例 1-2】假设某人在深市购买了某公司上市股票 1000 股，每股 20 元，预期每年可获 3% 的股息，而当银行存款利息率为 2%。如果没有其他因素影响，1 年后这位投资者购买的 1000 股股票的价格应为多少元？
套用公式来计算一下：20 × 1000 × 3% ÷ 2% = 30000 元。答案是 1 年后这 1000 股股票的价格应为 30000 元。

【例 1-3】某股民持有每股面值 100 元的股票 1000 股，预期股息率为 3%，当其他条件不变，同期银行存款利息从 2.5% 降为 2% 时，他的股票升值或贬值多少元？

$$(100 \times 1000 \times 3\% \div 2\%) - (100 \times 1000 \times 3\% \div 2.5\%) = 30000（元）$$

答案是同期银行存款利息从 2.5% 降为 2% 时，他的股票升值 30000 元。

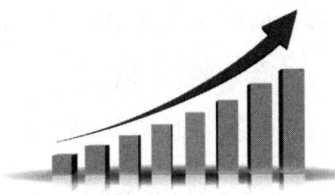

3. 股票市场价格计算

股票本身没有价值，但它可以当做商品出卖，并且有一定的价格。股票价格又叫股票行市，是指股票在证券市场上买卖的价格。股票的市场价格由股票的价值所决定，但同时受许多其他因素的影响。例如，看涨与看跌、买空与卖空、追涨与杀跌、获利平仓与解套或割肉等行为，不规范的股票市场中还存在诸如分仓、串谋、轮炒等违法违规操纵股票市场的操作行为。一般而言，如果股票市场的做多行为多于做空行为，则股票价格上涨；反之，如果做空行为占上风，则股票价格趋于下跌。由于各种股票市场操作行为主要是短期行为，因而市场因素对股票市场价格的影响具有明显的短期性质。

股票的市场价格即股票在股票市场上买卖的价格。股票市场可分为发行市场和流通市场，因而，股票的市场价格也就有发行价格和流通价格的区分。

股票流通价格，才是完全意义上的股票的市场价格，一般称为股票市价或股票行市。股票市价表现为开盘价、收盘价、最高价、最低价等形式。其中收盘价最重要，是分析股市行情时采用的基本数据。

流通价格是人们对现实的认知，包括对行业前景的认知，对公司发展状况的认知。但人们不可能百分之百地把握现实，因为人的能力有限，总存在自身不可克服的认知局限性，所以人们对股票价格的合理水平，总是不断地重估、修正，这个过程，不断地推动着股票的上涨与下跌。由于股票涨跌会产生财富效应，财富效应又滋生出群体各种乐观与悲观的情绪，在各种情绪的干扰下，导致人们对现实的认知又被进一步扭曲，对股票价值又再次重估……于是两者出现互相加强的效应，使股票价格不断地向偏离其理论价值的方向运动。因此对股票的流通价值我们不做过多讨论，这里要重点指出的是股票的发行价格的计算。

股票的发行价格就是发行公司与证券承销商议定的价格。发行价格可以溢价发行也可以平价发行。股票发行价格的确定有三种情况：

（1）股票的发行价格就是股票的票面价值。

（2）股票的发行价格以股票在流通市场上的价格为基准来确定。

（3）股票的发行价格在股票面值与市场流通价格之间，通常是对原有股东有偿配股时采用这种价格。

国际市场上确定股票发行价格的参考公式是：

股票发行价格 = 市盈率还原值×40% + 股息还原率×20% + 每股净值×20% + 预计当年股息与1年期存款利率还原值×20%

这个公式全面地考虑了影响股票发行价格的若干因素，如利率、股息、流通市场的股票价格等，值得借鉴。

而在我国一般都是通过市盈率法来计算发行价格。计算公式为：

发行价格 = 每股收益×发行市盈率

市盈率 = 股票市价÷每股收益

每股收益 = 税后利润÷股份总额

而确定每股税后利润有两种方法：一种为完全摊薄法，即用发行当年预测全部税后利润除以总股本，直接得出每股税后利润；另一种是加权平均法。加权平均法计算公式为：

当年每股税后利润 = 新股发行后每股月利润×12

新股发行后每股月利润 = 发行后公司税后利润总额÷发行后当年剩余月份÷发行后的股本总额

【例 1-4】某上市公司发行股票 3000 万股，股款到位期为 2004 年 7 月 1 日，当年预期税后利润总额为 1800 万元（其中 1 月到 6 月为 600 万，7 月到 12 月为 1200 万），公司新股发行完后的股本总额为 6000 万元。该公司股票发行市盈率为 15 倍。试用市盈率法确定该股票发行价格。（用加权平均法计算税后净利润）

用加权平均法计算，则当年每股税后利润为：

$$1200 \div 6 \div 6000 \times 12 = 0.40 \text{（元）}$$

市盈率为 15 倍，每股发行价格可为 $0.40 \times 15 = 6.00$（元）

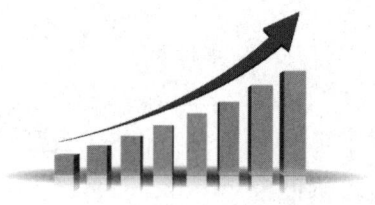

4. 股票除权价计算

说到除权价，首先还是应该让读者对除权有个明确的认识。所谓除权是指由于公司股本增加，每股股票所代表的企业实际价值（每股净资产）有所减少，需要在发生该事实之后从股票市场价格中剔除这部分因素，而形成的剔除行为。

当上市公司以股票股利分配给股东，也就是公司的盈余转为增资时，或进行配股时，就要对股价进行除权。上市公司将盈余以现金分配给股东，股价就要除息。

除权或除息的产生是因为投资人在除权或除息日之前与当天购买者，两者买到的是同一家公司的股票，但是内含的权益不同，显然相当不公平。因此，必须在除权或除息日当天向下调整股价，成为除权或除息参考价。

而除权报价的产生是由上市公司送配股行为引起，由证券交易所在该种股票的除权交 易日开盘公布的参考价格，用以提示交易市场该股票因发行股本增加，其内在价值已被摊薄。

这里还涉及一个概念——除权日。转增或者配送股以后市场可流通总股数增加，那么原来的市场价格必须进行除权。不然对后来买股票的人就不公平了。一样的总市值，股数增加了，价格却没降。

一般来说，除权日的开盘价不一定等于除权价，除权价仅是除权日开盘价的一个参考价格。当实际开盘价高于这一理论价格时，就称为填权，在册股东即可获利；反之实际开盘价低于这一理论价格时，就称为贴权，填权和贴权是股票除权后的两种可能，它与整个市场的状况、上市公司的经营情况、送配的比例等多种因素有关，并没有确定的规律可循，但一般来说，上市公司股票通过送配以后除权，其单位价格下降，流动性进一步加强，上升的空间也相对增加。不过，这并不能让上市公司任意送配，它也要根据企业自身的经营情况和国家有关法规来规范自己的行为。

除权价格的计算，分三种情况：

送股时：除权价格 = 股权登记日收盘价 ÷ （1 + 送股率）

有偿配股时：除权价格 = （ 股权登记日收盘价 + 配股价 × 配股率） ÷ （1 + 配股率）

送股与有偿配股相结合时：除权价 = 股权登记日收盘价 = 配股价 × 配股率 ÷ （1 + 送股率 + 配股率）

【例 1 - 5】某股票股权登记日收盘价是 24.75 元，每 10 股送 3 股，即每股送红股率为 0.3，则次日股价为：

24.75 ÷ （1 + 0.3） = 19.04 （元）

【例 1 - 6】某股票股权登记日收盘价为 18.00 元，10 股配 3 股，即每股配股率为 0.3，配股价为每股 6.00 元，则次日除权价格为：

（18.00 + 6.00 × 0.3） ÷ （1 + 0.3） = 15.23 （元）

【例 1 - 7】某股票的股权登记日收盘价为 30 元/股，送配股方案每 10 股配 5 股，配股价 10 元/股，则次日除权价为：

（30 + 10 × 0.5） ÷ （1 + 0.5） = 23.33 （元）

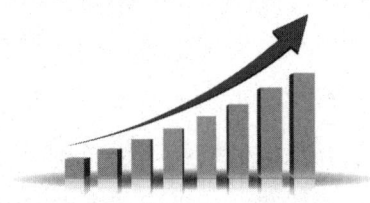

5. 股票除息价计算

股票除息就是股票前一日的收盘价，减去上市公司要发放的股息。股票发行企业在发放股息或红利时，需要事先进行核对股东名册、召开股东会议等多种准备工作，于是规定以某日在册股东名单为准，并公告在此日以后一段时期为停止股东过户期。停止过户期内，股息红利仍派发给登记在册的股东，新买进股票的持有者因没有过户就不能享有领取股息红利的权利。同时，股票买卖价格就应扣除这段时期内应发放股息红利数，这就是除息交易。

一般情况下，股份公司经营一段时间后（一般为 1 年），如果营运正常，产生了利润，就要向股东分配股息和红利。其交付方式一般有三种：一是以现金的形式向股东支付。这是最常见、最普通的形式。二是向股东配股，采取这种方式主要是为了把资金留在公司里扩大经营，以追求公司发展的远期利益和长远目标。三是形式是实物分派，即是把公司的产品作为股息和红利分派给股东。

在分红派息前夕，持有股票的股东一定要密切关注与分红派息有关的 4 个日期，这 4 个日期是：

股息宣布日，即公司董事会将分红派息的消息公布于众的时间。
派息日，即股息正式发放给股东的日期。
股权登记日，即统计和确认参加期股息红利分配的股东的日期。
除息日，即不再享有本期股息的日期。

当上市公司宣布上年度分红派息方案并获董事会及证监会批准后，即可确定股权登记日。在股权登记日交易（包括股权登记日）后手中仍持有这种股票的投资者均有享受分红派息的权利。如果是分红利现金，称作除息，大盘显示 XD××；如果是送红股或者配股，称为除权，大盘显示 XR××；如果是即分红利又配股，称为除权除息，大盘则显示 DR××。这时，大盘显示的前收盘价不是前一天的实际收盘价，而是根据股权登记日收盘价与分红现金的数量、送配股的数量和配股价的高低等结合起来算出来的价格。

除息价的计算公式如下：

除息价＝股息登记日的收盘价－每股所分红利现金额

【例 1–8】某股票股息登记日的收盘价是 4.17 元，每股送红利现金 0.03 元，则其次日股价为 4.17－0.03＝4.14（元）

【例 1–9】某股股息登记日收盘价为 5.00 元，该公司年度每股派发现金红利 0.10 元，那么在次日该股将自动除息至 5.00－0.10＝4.90（元）。

6. 股票除权除息价计算

因上市公司向股东发放股票股利或转增股本而向下调整股价就是除权；因上市公司向股东发放现金股利而向下调整股价就是除息。

在股权股息登记日之后，分红的公司要通过新闻媒介公布领取红利的起止日期，时限一般是4周左右，这在上海证券交易所称为红利挂牌时间。上交所参加分红的投资者必须在该股的红利挂牌期间在自己开户的营业厅将红利权卖出，才可以将红利划归自己的账户，具体方法像卖股票一样，在计算机自助终端输入该股票红利的代码、价格、数量，卖出后计算机就自动将红利款转入其资金账户。

在深圳证券交易所则不需投资者出卖红利权，而由证券公司直接将红利转到股东名下。在上交所红利挂牌期间因故未能将红利权卖出的投资者，可以持身份证、股东卡及资金账户去当地证券登记公司领取红利，缴纳一定数量的手续费。

除权除息价的计算公式是：

除权除息价 = （股权登记日的收盘价 − 每股所分红利现金额 + 配股价 × 每股配股数） ÷ （1 + 每股送红股数 + 每股配股数）

【例1-10】某股票股权登记日的收盘价为20.35元，每10股派发现金红利4.00元，送1股，配2股，配股价为5.50元/股，即每股分红0.4元，送0.1股，配0.2股，则次日除权除息价为：

$$（20.35 − 0.4 + 5.50 × 0.2） ÷ （1 + 0.1 + 0.2） = 16.19（元）$$

另外在计算除权价时，深市和沪市在计算方法上还有些不同。

沪市：

除权除息价 ＝（股权登记日收盘价 ＋ 配股价 × 配股率 － 派息率）÷（1 ＋ 送股率 ＋ 配股率）（结果四舍五入至 0.01 元）

【例 1 - 11】某上市公司分配方案为每 10 股送 3 股，派 2 元现金，同时每 10 股配 2 股，配股价为 5 元，该股股权登记日收盘价为 12 元，则该股除权参考价为：

$$(12 + 0.2 \times 5 - 0.2) \div (1 + 0.3 + 0.2) = 8.53 （元）$$

深市：

与沪市有所不同，其计算方式以市值为依据，其公式为：

除权除息价 ＝（股权登记日总市值 ＋ 配股总数 × 配股价 － 派现金总额）÷ 除权后总股本

（结果四舍五入至 0.01 元）

其中：

股权登记日总市值 ＝ 股权登记日收盘价 × 除权前总股本

除权后总股本 ＝ 除权前总股本 ＋ 送股总数 ＋ 配股总数

【例 1 - 12】深市某上市公司总股本 10000 万股，流通股 5000 万股，股权登记日收盘价为 10 元，其分红配股方案为 10 送 3 股派 2 元配 2 股，共送出红股 3000 万股，派现金 2000 万元，由于国家股和法人股股东放弃配股，实际配股总数为 1000 万股，配股价为 5 元，则其除权参考价为：

$$(10 \times 10000 + 1000 \times 5 - 2000) \div (10000 + 3000 + 1000) = 7.36 （元）$$

7. 有偿增资的股价计算

有偿增资是指对新股缴付现金的增资，即指公司对发行的新股优惠的价格配售或按照当时市价向社会进行公募。

有偿增资可分为配股与按一定价格向社会增发新股票。

配股又分为股东配股增资和第三者配股增资。股东配股增资是指股份有限公司增发股票时对老股东按一定比例分配公司新股票的认购权，准许其按照一定的配股价格优先认购新股票。第三者配股增资是指公司向股东以外的公司职工、公司往来客户、银行及有友好关系的特定人员发售新股票。由于发售新股票的价格低于老股票的市场价格，第三者往往可以获得较大的利益。

按一定价格向社会增发新股票目的是为了增加公司的资本金，增发股票面向社会，无特定对象。增发股票的价格往往高于面值溢价发行。增发股票要维护老股东的权益，一般在溢价发行时，要给老股东以优先认购权和价格优惠权。

经过这种形式的增资，由于公司股份的增多，会使该公司的股票市场价格发生变化。增资后的股票价格是可以计算出来的（即上面提到的增资除权后的股价），其计算公式为：

$$D = (A + C \times B) \div (1 + B)$$

其中：

A—原有的每股股票价格；B—分配给每份旧股的新股票数；C—每份新股的应交款；D—增资后的每股股票价格 。

【例1-13】假定市场价格为120元的股票按1:1的比例享有认购有偿增资新股的权利，每份新股以15元认缴，那么增资除权后股票的市场价格则为：

$$(120 元 + 15 元 \times 1) \div (1 + 1) = 67.5 （元）$$

经过这样的增资扩股，虽然股票的市场价格从 120 元跌为 67.5 元，但原有股东持有的股份却增加了 1 倍，股东的资产由原来的每股 120 元变为两股 135 股。

由于股份公司对股东优先承购新股的时间会有所限制，往往是很短暂的，比如规定必须在两个星期内购买，因此有些股东也不愿意或没有能力再投资购买增发的新股份，在这种情况下，就可以出售这项承购新股的权利。在西方国家，出售这样的承购新股的市场颇为活跃。从〖例 1 – 13〗来看，每一新股承购权利的价值为 52.5 元，即一般人花 52.5 元可以购得承购新股权，再缴付 15 元则能买得一份市价为 67.5 元的已除权后的股票。

有偿增资有时也会采取适量地向市场公募的方式，即不是赋予原股东以优先承购新股权，而是通过市场以市价向非特定人销售的方法。

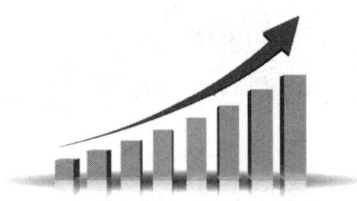

8. 股价平均数的计算

股价平均数是采用股价平均法，用以度量所有样本股经调整后的价格水平的平均值，可分为简单算术股价平均数、加权股价平均数和修正股价平均数。

计算股票指数时，往往把股票指数和股价平均数分开计算。按定义，股票指数即股价平均数。但从两者对股市的实际作用而言，股价平均数是反映多种股票价格变动的一般水平，通常以算术平均数表示。人们通过对不同的时期股价平均数的比较，可以认识多种股票价格变动水平。而股票指数是反映不同时期的股价变动情况的相对指标，也就是将第一时期的股价平均数作为另一时期股价平均数的基准的百分数。通过股票指数，人们可以了解计算期的股价比基期的股价上升或下降的百分比率。由于股票指数是一个相对指标，因此就一个较长的时期来说，股票指数比股价平均数能更为精确地衡量股价的变动。

股票价格平均数反映一定时点上市股票价格的绝对水平，它可分为简单算术股价平均数、修正的股价平均数、加权股价平均数三类。人们通过对不同时点股价平均数的比较，可以看出股票价格的变动情况及趋势。

（1）简单算术股价平均数。简单算术股价平均数是将样本股票每日收盘价之和除以样本数得出的，即：

简单算术股价平均数 = $(P_1 + P_2 + P_3 + \cdots + Pn) \div n$

世界上第一个股票价格平均指数——道·琼斯股价平均数在 1928 年 10 月 1 日前就是使用简单算术平均法计算的。

【例 1 – 14】现假设从某一股市采样的股票为 A、B、C、D 四种，在某一交易日的收盘价分别为 10 元、16 元、24 元和 30 元，计算该市场股价平均数。将上述数置入公式中，即得：

$$股价平均数 = （P_1 + P_2 + P_3 + P_4） \div n$$
$$= （10 + 16 + 24 + 30） \div 4$$
$$= 20 （元）$$

简单算术股价平均数虽然计算较简便，但它有两个缺点：一是它未考虑各种样本股票的权数，从而不能区分重要性不同的样本股票对股价平均数的不同影响。二是当样本股票发生股票分割派发红股、增资等情况时，股价平均数会产生断层而失去连续性，使时间序列前后的比较发生困难。例如，〖例 1 – 14〗中 D 股票发生以 1 股分割为 3 股时，股价势必从 30 元下调为 10 元，这时平均数就不是按上面计算得出的 20 元，而是（10 + 16 + 24 + 10）÷4 = 15（元）。这就是说，由于 D 股分割技术上的变化，导致股价平均数从 20 元下跌为 15 元（这还未考虑其他影响股价变动的因素），显然不符合平均数作为反映股价变动指标的要求。

（2）修正的股份平均数。修正的股价平均数有两种：

一是除数修正法，又称道式修正法。这是美国道·琼斯在 1928 年创造的一种计算股价平均数的方法。该法的核心是求出一个常数除数，以修正因股票分割、增资、发放红股等因素造成股价平均数的变化，以保持股份平均数的连续性和可比性。具体作法是以新股价总额除以旧股价平均数，求出新的除数，再以计算期的股价总额除以新除数，这就得出修正的股价平均数。即：

新除数 = 变动后的新股价总额 ÷ 旧的股价平均数
修正的股价平均数 = 报告期股价总额 ÷ 新除数

在前面的例子除数是 4，经调整后的新的除数应是：

新的除数 =（10 + 16 + 24 + 10）÷ 20 = 3

将新的除数代入下列式中，则：

修正的股价平均数 = （10 + 16 + 24 + 10）÷ 3 = 20（元）

得出的平均数与未分割时计算的一样，股价水平也不会因股票分割而变动。

二是股价修正法。股价修正法就是将股票分割等，变动后的股价还原为变动前的股价，使股价平均数不会因此变动。美国《纽约时报》编制的 500 种股价平均数就采用股价修正法来计算股价平均数。

（3）加权股价平均数。加权股价平均数是根据各种样本股票的相对重要性进行加权平均计算的股价平均数，其权数（Q）可以是成交股数、股票总市值、股票发行量等。

其计算方法是几种样本股的收盘价分别乘以其发行股数，再用得出的结果除以样本股的总股数：

加权股价平均数 = $(P_1 \times t_1 + P_2 \times t_2 + P_3 \times t_3) \div (t_1 + t_2 + t_3)$
P 为收盘价，t 为发行股数

【例 1 – 15】某股价平均数，选择 A、B、C 三种股票为样本股，这三种股票的发行股数分别为 10000 万股、8000 万股和 5000 万股。某计算日，这三种样本股的收盘价分别为 8.00 元、9.00 元和 7.60 元，计算该日这三种股票的以发行量为权数的加权股价平均数。

加权股价平均数 = （10000 × 8 + 8000 × 9 + 5000 × 7.6）÷（10000 + 8000 + 5000）= 8.26（元）

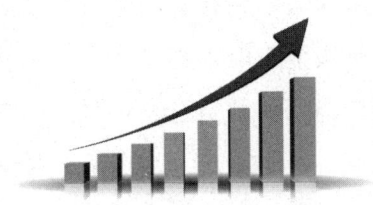

第二章　股票资金成本计算公式

1. 股票资金成本率计算

所谓资金成本就是企业筹集和使用资金所付出的成本。每一个资本都有其特定的资金成本。例如，利用债券筹资必须支付相应的利息，利息支付可以是固定利率的，也可以是变动利率的。股票筹资必须支付相关股利，且大多数情况下，投资者的资本收益预期会随着股票的市场价值的变化而变化。

资金成本在现代企业中是关系到企业筹资决策和投资决策的重要问题。资金成本在企业筹资决策中的作用表现为：资金成本是影响企业筹资总额的重要因素；资金成本是企业选择资金来源的主要依据；资金成本是企业选择筹资方式的参考标准；资金成本是确定最优资金结构的主要参考。

资金成本在企业投资决策中的作用表现为：资金成本可作为项目投资的折现率；资金成本是投资项目的基准收益率。与此同时，资金成本是评定企业经营成果的依据，凡是企业的实际投资收益率低于这个水平的，则应认为是经营不利，这也是向企业经营者发出了信号，企业必须改善经营管理，提高经济效益。

资金成本是指资金使用者为筹集和使用资金所支付的代价，它包括资金的使用费用和筹集费用。企业从金融市场筹集资金，对资金供应者来说，他暂时或长久失去了使用这部分资金的获利机会，因此，要求得到相应的报酬，即得到一定数额的资金时间价值；对于筹集资金的企业来说，他得到了使用资金的权力，需要按规定支付一定的费用。在投资有风险的情况下。资金供应者除了要求获得资金的时间价值以外，还要求得到一定的风险价值。同时，资金使用者在筹集资金过程中还需要支付筹资费用，如证券的印刷费、发行费、公证费、广告费、律师费及筹资手续费等。

资金成本可用绝对数表示，也可用相对数表示，其计算公式如下：

常用的是：无风险利率 + β 系数 × （市场报酬率 − 无风险利率）

【例 2 − 1】假设某公司息税前利润为 1000 万元，股票账面 2000 万元，所得税 30%，由于资本结构不合理，发行债券 200 万元，资金成本 6%。股票 β 系数 1.25，无风险报酬率 10%，平均报酬率 12%。求公司股票现值及股票资金成本率。

股票现值 = （息税前利润 − 利息）× （1 − 所得税）÷ 股票资金成本率

公司股票现值 = （1000 − 200 × 6%）× （1 − 30%）÷ 12.5%

　　　　　　 = 691.6 ÷ 12.5%

　　　　　　 = 5532.8（万元）

资金成本率 = 10% + 1.25 × （12% − 10%）= 12.5%

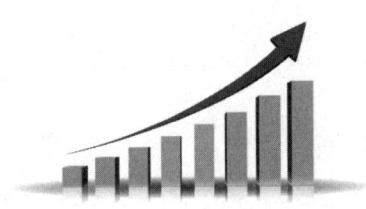

2. 股票综合资金成本率计算

股票综合资金成本率是指企业对各种资金来源的资金成本率按其所占比重加权计算的资金成本率。由于种种条件的制约，企业往往不可能只从某种资金成本较低的来源来筹集资金，必须从多种来源取得资金。因此，企业在进行筹资决策时，必须根据下列公式，计算各种资金来源的综合资金成本率：

综合资金成本率 = ∑（某种资金成本率×该种资金占全部资金的比重）

从公式中我们就可以看出，要降低企业综合资金成本率，一要降低各种资金的资金成本率；二要提高资金成本较低的资金在全部资金中所占的比重。

【例 2 - 2】某公司现有资本总额 1000 万元。其中，长期借款 400 万元，年利率为 10%，普通股 600 万元，发行价格为 20 元，现市场价格为 20 元，最后 1 年每股股利为 2 元，预计年股利增长率为 5%，所得税税率为 25%。该公司现计划增资 100 万元，有甲、乙两种筹集方案。甲方案：增加长期借款 100 万元，借款利率为 12%；乙方案：增发普通股 4 万股，普通股每股股价增加到 25 元。那么这两种方案哪一种更好呢？

通过计算可以得出：

筹资前长期借款的资金成本 = 10% ×（1 - 25%）= 7.5%

普通股成本 = 2 ×（1 + 5%）÷ 20 + 5% = 15.5%

套用公式可得出综合资金成本 = 7.5% × 40% + 15.5% × 60% = 12.3%

甲方案：综合资金成本 = 7.5% × 400 ÷（400 + 600 + 100）+ 15.5% × 600 ÷ 1100 + 12% ×（1 - 25%）× 100 ÷ 1100 = 12%

乙方案：综合资金成本 = 7.5% × 400 ÷（400 + 600 + 100）+ ［2 ×（1 + 5%）÷ 25 + 5%］× 700 ÷ 1100 = 11.25%

综上所述，乙方案资金成本最低，为最佳筹资方案。

3. 普通股资金成本计算

普通股资金成本即投资必要收益率，是使普通股未来股利收益折成现值的总和等于普通股现行价格的折现率。

企业发行普通股和发行债券一样，也需要由依法设立的证券经营机构承销，即需要支付一定比例的承销费，即筹资费。另外，还需支付资金占用费，即支付股利。与债券不同的是，股利是用税后利润支付的，不能享受税前抵扣的优惠。企业通过发行普通股筹集资金，企业是否支付股利以及支付多少股利视企业的经营情况和股利政策而定，通常是逐年增长的。

不过从资金成本角度考虑，发行普通股的资金成本较高。主要有两个原因：一是由于投资者购买普通股股票既没有取得固定收益的保证，也不能抽回投资，所以普通股股东的风险最高，当然也相应要求有较高的投资报酬，即股利。由于投资者要求较高的投资报酬，即预计下一年股利较高，导致普通股资金成本上升；二是普通股发行成本较高。观察普通股资金成本公式不难发现发行费较高，导致分母较小，从而使整个分式比值较大，即普通股资金成本率较高。

普通股资金成本的计算公式为：

$$Kc = dc \div Pc \ (1 - f) \ + G$$

其中：

Kc——普通股资金成本率；Dc——第一年发放的普通股总额的股利；Pc——普通股股金总额；f——筹资费率；G——普通股股利预计每年增长率。

【例2-3】某企业以面值发行普通股1000万元，筹资费率为4%，第一年的股利率为12%，以后每年增长5%。

则该普通股的资金成本为：

$$Kc = （1000 \times 12\%） \div 1000 \times （1 - 4\%） = 17.5\%$$

4. 优先股资金成本计算

从资金成本角度考虑，发行优先股筹资的资金成本较高。发行优先股筹资的资金成本一般虽低于发行普通股股票筹资的资金成本，但高于发行企业债券或取得银行借款的资金成本。低于普通股的筹资成本有两个原因：一是由于优先股股东按照股票面值和固定的股利率取得股利，风险较普通股股东小，所以其投资报酬也较普通股低，使优先股的筹资成本低于发行普通股筹资成本；二是优先股的股利支付是确定的，当企业的资产收益率高于优先股股利率时，发行优先股筹资就可以提高普通股股本收益率，普通股股东可获得财务杠杆的好处，增加每股税后盈余。

发行优先股筹资的资金成本高于发行企业债券或取得银行借款的资金成本是由于：一是发行优先股筹资费用比发行企业债券筹资或取得银行借款的筹资费用要高一些；二是主要是由于优先股的股利是在所得税后利润中支付的，而债券利息或借款利息都是在所得税前利润中支付的。这是发行股票筹资相对于债务筹资方式最不利的地方；三是优先股股东的求偿权在债券持有人之后，导致优先股股东的风险大于债券持有人的风险，这使得优先股的股利率一般要大于债券的利息率。

优先股资金成本的计算公式为：

$$Kp = Dp \div Pp \ (1 - f)$$

其中：

Kp—优先股资金成本率；Dp—优先股总额的每年股利支出；f—筹资费率；Pp—优先股股金总额。

【例 2 - 4】某企业以面值发行优先股 1000 万元，筹资费率为 4%，股利年率为 12%，则该优先股的资金成本为：

Kp = （1000 × 12%）÷ 1000（1 - 4%）= 12.5%

5. 留存收益成本计算

留存收益成本是指股东因未分配股利而丧失对外投资的机会损失。留存收益的成本率就是普通股东要求的投资收益率。由于留存收益成本是一种机会成本，而不是实际发生的费用，所以只能对其进行估算。

留存收益是企业缴纳所得税后形成的，其所有权属于股东。股东将这一部分未分派的税后利润留存于企业，实质上是对此追加投资。如果企业将留存收益用于再投资所获得的收益低于股东自己进行另一项风险相似的投资的收益率，企业就不应该保留留存收益而应将其分派给股东。

留存收益成本的估算难于债务成本，这是因为很难对诸如企业未来前景及股东对未来风险所要求的风险溢价做出准确的测定。

计算留存收益成本的方法很多，主要的有以下三种：

（1）股利增长模型法：依照股票投资的收益率不断提高的思路计算留存收益成本。一般假定收益以固定的年增长率递增，则留存收益成本的计算公式为：

$$Kcs = Dc \div Pc + G$$

其中：

Kcs—留存收益成本；Dc—预期年股利额；Pc—普通股市价；G—普通股利年增长率。

【例 2－5】某企业普通股目前市价为 56 元，估计年增长率为 12%，本年发放股利 2 元。

则：$Dc = 2 \times (1 + 12\%) = 2.24$（元）　$Kcs = 2.24 \div 56 + 12\% = 16\%$

（2）资本资产定价模型法：按照"资本资产定价模型法"，留存收益成本的计算公式则为：

$$Ks = Rs = R_f + \beta（Rm - R_f）$$

式中：

Rs—风险报酬率；R_f—无风险报酬率；β—股票的贝他系数；Rm—平均风险股票必要报酬率。

【例 2 - 6】某一时期市场风险报酬率为 10%，平均风险股票必要报酬率为 14%，某公司普通股 β 值为 1.2。

留存收益成本为：$Ks = 10\% + 1.2 \times（14\% - 10\%）= 14.8\%$

（3）风险溢价法：根据某项投资"风险越大，要求的报酬率越高"的原理，普通股东对企业的投资风险大于债券投资者，因而会在债券投资者要求的收益率上再要求一定的风险溢价。依照这一理论，留存收益的成本公式为：

$$Ks = K_b + RPc$$

其中：

Kb—债务成本；RPc—股东比债权人承担更大风险所要求的风险溢价。

债务成本（长期借款成本、债务成本等）比较容易计算，难点在于确定 RPc 即风险溢价。风险溢价可以凭借经验估计。一般认为，某企业普通股风险溢价对其自己发行的债券来讲，大约在 3% ~5% 之间，当市场利率处于历史性高点时，风险溢价通常较低，在 3% 左右；当市场利率处于历史性低点时，风险溢价通常较高，在5%左右；而通常情况下，常常采用4%的平均风险溢价。这样，留存收益成本则为：

$$Ks = Kb + 4\%$$

【例2-7】对于债券成本为9%的企业来讲，其留存收益成本为：

$$Ks = 9\% + 4\% = 13\%$$

而对于债券成本为13%的另一家企业，其留存收益成本则为：

$$Ks = 13\% + 4\% = 17\%$$

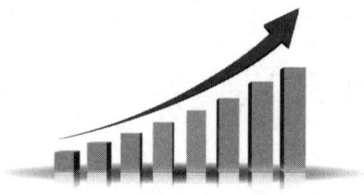

6. 加权平均资金成本计算

加权平均资金成本是以各种资金占全部资金的比重为权数，对个别资金成本进行加权平均确定的。

权数的确定有三种方法：

账面价值权数，其资料容易取得，但是当账面价值与市场价值差别较大时，使用账面价值权数计算的结果与实际筹资成本有较大的差距。

市场价值权数，可以反映当前的情况，但是不能体现未来。

目标价值权数，能够体现未来，但是实务中很难确定。按照这种权数计算得出的加权平均资金成本，更适用于企业筹措新的资金。

加权平均资金成本的计算公式为：

$$K_w = \sum_{i=1}^{n} W_i K_i$$

其中：

Kw—加权平均资本成本；Wi—第 i 种资本占总资本的比重；Ki—第 i 种资本成本；n—不同资本的数量。

根据公式，可知其计算过程。

首先，应计算出资本结构各个项目的权重。各个项目的权重应该等于它的市值比上总投资额的市值。

（1）优先股的权重：优先股的市值很容易计算，它等于每股成本乘以发行量。

优先股的权重＝优先股市值÷（优先股市值＋普通股市值＋债务市值）

（2）普通股的权重：普通股的市值就是每股股价乘以股票发行量。

普通股的权重 = 普通股市值 ÷（优先股市值 + 普通股市值 + 债务市值）

（3）债务的权重：如果公司公开发行债券，那么债务的市值也较容易得到。常见的是，很多公司也有较大数额的银行贷款，这部分市值并不容易计算。但是，因为债务的市值和它的面值比较接近，所以在常用面值代替市值。

债务的权重 = 债务的市值 ÷（优先股市值 + 普通股市值 + 债务市值）

其次，在计算资本结构的各个项目的资金成本。

（1）优先股的成本：优先股等价于永久权利，它的持有人将永远获得固定的收益，因此，它的成本等于每期红利除以每股股价。
（2）普通股的成本：普通股的成本通常由资本资产定价模型（CAPM）来决定。
（3）债务的成本：公开发行债券的公司的债务成本是债权的期末收益；银行贷款的利率也是一个合适的债务成本。因为通常一个公司可以把债务利息抵税，公司的债务成本可以通过税率进一步降低。

债务的成本 =（债券期末收益或贷款利息）×（1 - 税率）

【例2-8】某公司共有资本1000万元，其中银行长期借款100万元，公司债券200万元，优先股200万元；普通股400万元；保留盈余100万元，各种资本的资本成本分别为：

则该公司的加权平均资本成本为：

$K_0 = 8\% ; K_b = 9\% ; K_p = 11\% ; K_s = 16\% ; K_e = 15.5\%$

首先，计算各个资本在总资本中所占的比重：

长期借款：$W_0 = \dfrac{100}{1000} = 0.1$ 公司债券：$W_b = \dfrac{200}{1000} = 0.2$

优先股：$W_v = \dfrac{200}{1000} = 0.2$ 普通股：$W_s = \dfrac{400}{1000}$

保留盈余：$W_e = \dfrac{100}{1000} = 0.1$

其次，计算加权平均资本成本：

$$K_w = 0.1 \times 8\% + 0.2 \times 9\% + 0.2 \times 11\% + 0.4 \times 16\% + 0.1 \times 15.5\%$$
$$= 12.75\%$$

在上述计算中，个别资本成本占全部资本的比重，是按账面价值确定的，其资料比较容易获得。在实际中，股票和债券的价格是随时变动的。当这种变动幅度较大时，资本的实际市场价值与账面价值就产生了较大的差别。在这种情况下还按照账面价值计算资本成本，其结果会与实际有较大的差距，从而贻误筹资决策。其实还有两种计算资本成本的方法。

①按市场价值计算。这种方法也称为市场价值权数。市场价值权数指债券、股票以市场价格确定权数，这样计算出的加权平均资本成本能够比较真实地反映公司目前的情况。在市场价格变动频繁时，也可以选用平均价格。

②按目标价值计算。这种方法也称为目标价值权数。它是指债券、股票以未来预计的目标市场价值确定权数。这种权数能够体现期望的资本结构，而不是像账面价值权数和市场价值权数那样只反映过去和现在的资本结构。虽然这种方法很适用于公司在筹集新资本时使用，但是公司往往无法客观地确定证券的目标价值。因此，这种方法不易推广。

第三章 股票每股盈收计算公式

1. 每股收益计算

每股收益即 EPS，又称每股税后利润、每股盈余，是指税后利润与股本总数的比率。它是测定股票投资价值的重要指标之一，是分析每股价值的一个基础性指标，是综合反映公司获利能力的重要指标，它是公司某一时期净收益与股份数的比率。该比率反映了每股创造的税后利润，比率越高，表明所创造的利润越多。若公司只有普通股时，净收益是税后净利，股份数是指流通在外的普通股股数。如果公司还有优先股，应从税后净利中扣除分派给优先股东的利息。

每股收益的计算公式为：

每股收益 = 利润 ÷ 总股数

每股收益以年收益为基数算出的叫年度每股收益，季收益为基数叫季度每股收益。

比如，这个公司年收入 1000 万，总股本为 1 亿元，那么年度每股收益为：1000 万 ÷ 1 亿 = 0.1（元/股）

一般的投资者在使用该财务指标时有以下几种方式：

（1）通过每股收益指标排序，是用来寻找所谓"绩优股"和"垃圾股"。

（2）横向比较同行业的每股收益来选择龙头企业。

（3）纵向比较个股的每股收益来判断该公司的成长性。

关于每股收益，投资者还应掌握几个知识点，这对把握每股收益的计算也有帮助。

每股收益是指本年净收益与普通股份总数的比值，根据股数取值的不同，有全面摊薄每股收益和加权平均每股收益。全面摊薄每股收益是指计算时取年度末的普通股份总数，理由是新发行的股份一般是溢价发行的，新老股东共同分享公司发行新股前的收益。加权平均每股收益是指计算时股份数用按月对总股数加权计算的数据，理由是由于公司投入的资本和资产不同，收益产生的基础也不同。

若上市公司为负净利润，那么该上市公司每股收益就为负的。

每股收益是衡量上市公司盈利能力较重要的财务指标。它反映普通股的获利水平。在分析时可进行公司间的比较，了解公司相对获利能力，可以进行不同时期比较，了解该公司盈利能力的变化趋势。

因此在使用该指标应注意以下问题：

（1）每股收益不反映该股票所含的风险（行业不同）。

（2）每股收益多，不一定意味着分红多，也并不意味现金多。

【例3－1】某公司利润100万，股数100万股，股价为10元每股，该公司总资产为1000万，则：

利润率 $= 100 \div 1000 \times 100\% = 10\%$

每股收益 $= 100 \div 100 = 1$（元）

【例3－2】某企业年利润为100万元，发行总股数为50万股，股价是40元每股股，公司总资产2000万元，则：

利润率 = $100 \div 2000 \times 100\% = 5\%$

每股收益 = $100 \div 50 = 2$ （元）

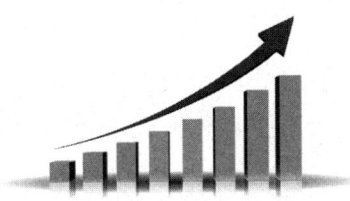

2. 基本每股收益计算

基本每股收益的计算，按照归属于普通股股东的当期净利润除以当期实际发行在外普通股的加权平均数计算确定，考虑的是当期实际发行在外的普通股股份，反映目前的股本结构下的盈利水平。

以公式来表示：

基本每股收益 = 归属于普通股股东的当期净利润 ÷ 发行在外普通股的加权平均数

公式中分子为归属于普通股股东的当期净利润，即企业当期实现的可供普通股股东分配的净利润或应由普通股股股东分担的净亏损金额。

分母为当期发行在外普通股的算术加权平均数，即期初发行在外的普通股股数根据当期新发行或回购的普通股股数乘以其发行在外的时间权重计算的股数进行调整后的数量。

从公式中我们可以看到，归属于普通股股东的当期净利润的计算较为简单，但发行在外普通股的加权平均数计算比较复杂，投资者应该充分关注。在报告期内如果因增资、回购等原因造成股本发生变化时，要按照当年实际增加的时间进行加权计算。需要注意的是，并不是所有的股本变动都要按照当年实际增加的时间进行加权计算。如当期发生利润分配而引起的股本变动，由于并不影响所有者权益金额，也不改变企业的盈利能力，在计算发行在外普通股的加权平均数时无需考虑该新增股份的时间因素。加权考虑因素对照表如表3-1所示。

表 3 - 1　　　　　　　　　　　　加权考虑因素对照表

报告期内股本变动的情形		是否需要考虑时间加权因素
股本增加	发行新股	是
	债转股	
	公积金转增股本	否
	股票股利分配	
股本减少	回购股份	是
	缩股	否

企业应当按照归属于普通股股东的当期净利润，除以发行在外普通股的加权平均数计算基本每股收益。

而发行在外普通股加权平均数可按下面公式计算：

发行在外普通股加权平均数 = 期初发行在外普通股股数 + 当期新发行普通股股数 × 已发行时间 ÷ 报告期时间 - 当期回购普通股股数 × 已回购时间 ÷ 报告期时间

已发行时间、报告期时间和已回购时间一般按照天数计算；在不影响计算结果的合理性的前提下，也可以采用简化的计算方法

【例 3 - 3】某公司 2006 年初发行在外的普通股为 10000 股，3 月 2 日新发行普通股 4500 股，12 月 1 日回购普通股 1500 股，以备将来奖励职工之用，该公司当年度实现利润为 260000 元。计算该公司基本每股收益，发行在外普通股加权平均数。

则该公司发行在外普通股加权平均数为：

$10000 \times 12 \div 12 + 4500 \times 10 \div 12 - 1500 \times 1 \div 12 = 13625$ （股）

或：

$10000 \times 2 \div 12 + （10000 + 4500）\times 9 \div 12 + （10000 + 4500 - 1500）\times 1 \div$

12 = 13265（股）

该公司基本每股收益为：

260000 ÷ 13265 = 2.00（元/股）

【例 3 - 4】某公司 2001 年度归属于普通股股东的净利润为 25000 万元。2000 年末的股本为 8000 万股，2001 年 2 月 8 日，经公司 2000 年度股东大会决议，以截至 2000 年末公司总股本为基础，向全体股东每 10 股送红股 10 股，工商注册登记变更完成后本公司总股本变为 16，000 万股。2001 年 11 月 29 日发行新股 6000 万股。

则该公司 2001 年度基本每股收益：

25000 ÷（8000 + 8000 + 6000 × 1 ÷ 12）= 1.52（元/股）

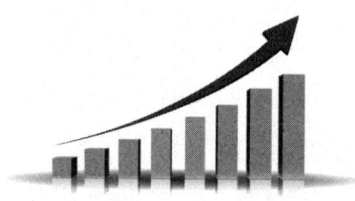

3. 稀释每股收益计算

稀释每股收益又称冲淡每股收益，是指以基本每股收益为基础，假设企业所有发行在外的稀释性潜在普通股均已转换为普通股，从而分别调整归属于普通股股东的当期净利润以及发行在外普通股的加权平均数计算而得的每股收益。

潜在普通股是指赋予其持有者在报告期或以后期间享有取得普通股权利的一种金融工具或其他合同。目前，我国企业发行的潜在普通股主要有可转换公司债券、认股权证、股份期权等。

稀释性潜在普通股是指假设当期转换为普通股会减少每股收益的潜在普通股。对于亏损企业而言，稀释性潜在普通股是指假设当期转换为普通股会增加每股亏损金额的潜在普通股。

潜在普通股主要包括：可转换公司债券、认股权证和股份期权等。

可转换公司债券。对于可转换公司债券，计算稀释每股收益时，分子的调整项目为可转换公司债券当期已确认为费用的利息等的税后影响额；分母的调整项目为假定可转换公司债券当期期初或发行日转换为普通股的股数加权平均数。

认股权证和股份期权。认股权证、股份期权等的行权价格低于当期普通股平均市场价格时，应当考虑其稀释性。

稀释每股收益是在考虑潜在普通股稀释性影响的基础上，对基本每股收益的分子、分母进行调整后再计算每股收益。

（1）分子的调整体现在三方面：①当期已确认为费用的稀释性潜在普通股的利息；②稀释性潜在普通股转换时将产生的收益或费用；③调整时应当考虑相关的所得税影响。

【例 3 - 5】某上市公司于 2003 年 1 月 1 日按面值发行 25000 万元的 3 年期可转换公司债券，票面固定利率为 2%，利息自发行之日起每年支付一次，即每年 12 月 31 日为付息日。该批可转换公司债券自发行结束后 18 个月以后可转换为公司股票。债券利息不符合资本化条件，直接计入当期损益。所得税税率为 25%。假设不考虑可转换公司债券在负债和权益成份的分拆，且债券票面利率等于实际利率。按照公司利润分享计划约定，该公司高级管理人员按照当年税前利润的 1% 领取奖金报酬。该公司 2003 年度税前利润为 18000 万元，税后净利润为 13500 万元。

分析：为计算稀释每股收益，分子归属于普通股股东的当期净利润应调整的项目主要包括以下两方面：一是假定可转换公司债券期初转换为普通股而减少的利息费用，二是由此增加利润所导致的支付高管人员奖金的增加。

税后净利润 13500

加：减少的利息费用（25000 × 2%）500

减：相关所得税影响（500 × 25%）125

减：增加的高管人员奖金（500 × 1%）50

加：相关所得税影响（50 × 25%）12.5

稀释每股收益计算中归属于普通股股东的当期净利润 13837.5 元

【例 3 - 6】某上市公司 2000 年净利润为 10000000 元，发行在外普通股为 2000000 股，可转换债券名义金额为 100000000 元，利率为 5%。每 1000 元债券可转换成 20 股普通股。不考虑债券溢折价的摊销额。所得税率为 40%。

分析：对于稀释性潜在普通股——可转债而言，调整净利润时应以当期净利润为基础加上当期已确认为财务费用的利息，并将所得税因素考虑在内。

净利润增加：$100000000 \times 0.05 \times (1 - 0.4) = 3000000$（元）；新增股份 $= 100000 \times 20 = 2000000$（股）

稀释性每股收益 = （10000000 + 3000000） ÷ （2000，000 + 2000000） = 3.25（元）

（2）调整后的分母为计算基本每股收益时的股份加权平均数加上全部具有稀释性潜在开通股转换成普通股时将发行的普通股的加权平均数量。而以前期间发行的稀释性潜在普通股假定当期期初转换，当期发行的稀释性潜在普通股假定在发行日转换。

对于股票期权和认股权证而言，其行权价格低于平均市场价格时具有稀释性，其调整增加的普通股股数：

拟行权时转换的普通股股数 = 行权价格 × 拟行权时转换的普通股股数 ÷ 当期普通股平均市场价格

企业承诺回购时，若合同规定的回购价格大于当期普通股平均市场价格时，应考虑其稀释性。

增加的普通股股数 = 拟行权时转换的普通股股数 - 行权价格 × 拟行权时转换的普通股股数 ÷ 当期普通股平均市场价格

【例3-7】某公司2002净利润为240万元，发行在外加权平均普通股股数为100万股，每股普通股平均市价为20元，2001年10月15日发行普通股认购期权20万股，行权价为15元，行权期为2002年9月。2002年6月3日发行认股权证10万股，行权价格为16元，行权期为2003年5月。

分析：股票期权和认股权证的行权价小于平均市场价格，显示其具有稀释性。具有稀释性的潜在普通股当期转换成普通股的，从期初至转换日，应当将共计入计算稀释每股收益的普通股加权平均数，说明其潜在影响；转换完成后，从转换日至期末，应当将共计入计算基本每股收益的普通股加权下均数。所以基本每股收益和稀释每股收益计算如下：

2002 年发行在外普通股的加权平均数 = 100 + 20 × 3 ÷ 12 = 105（万股）

基本每股收益 = 240 ÷ 105 = 2.29（元）

调增的普通股股数 = 20 - 15 × 20 ÷ 20 + 10 - 16 × 10 ÷ 20 = 7（万股）

稀释每股收益 = 240 ÷（105 + 7）= 2.14（元）

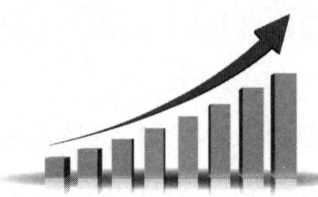

4. 每股净资产计算

公司净资产代表公司本身拥有的财产，也是股东们在公司中的权益。因此，又叫做股东权益。在会计计算上，相当于资产负债表中的总资产减去全部债务后的余额。公司净资产除以发行总股数，即得到每股净资产。

每股净资产值反映了每股股票代表的公司净资产价值，是支撑股票市场价格的重要基础。每股净资产越高，股东拥有的资产现值越多；每股净资产越少，股东拥有的资产现值越少。每股净资产值越大，表明公司每股股票代表的财富越雄厚，通常创造利润的能力和抵御外来因素影响的能力越强。

每股净资产的计算公式为：

每股净资产 = 股东权益 ÷ 股本总额。

从其计算公式中我们就可以看到，该项指标显示了发行在外的每一普通股股份所能分配的公司账面净资产的价值。这里所说的账面净资产是指公司账面上的公司总资产减去负债后的余额，即股东权益总额。每股净资产指标反映了在会计 期末每一股份在公司账面上到底值多少钱，如在公司性质相同、股票市价相近的条件下，某一公司股票的每股净资产越高，则公司发展潜力与其股票的投资价值越 大，投资者所承担的投资风险越小。

【例 3 - 8】某公司净资产为 15 亿元，总股本为 10 亿股，则它的每股净资产值为：

15 ÷ 10 = 1.5 （元）（即 15 亿元/10 亿股）

关于每股净资产，投资者还应注意其增长和下降的情况。每股净资产的增长有两种情形一是公司经营取得巨大成功，导致每股净资产大幅上升；二是公司增发新股，也可以大幅提高每股净资产，这种靠圈钱提高每股净资产的行为，虽不如公司经营成功来得可靠，但它毕竟增大了公司的有效净资产。

同样，每股净资产的下降也有两种情形。一是公司经营亏损导致的每股净资产大幅下降；二是公司高比例送股会导致每股净资产大幅被稀释或摊薄。相比较之下，前者为非正常，后者为正常。

一般地，每股净资产高于2元可视为正常水平或一般水平。每股净资产低于2元，则要区别不同情形、不同对待：一是特大型国企改制上市后每股净资产不足2元（但高于1元），这是正常的，如工行、中行、建行等特大型国有企业；二是由于经营不善、业绩下滑，导致每股净资产不足2元的，这是非正常现象。

由于新股上市时，每股法定面值为1元，因此，公司上市后每股净资产应该是高于1元的，否则，如果出现每股净资产低于1元的情况，则表明该公司的净资产已跌破法定面值，情势则是大为不妙的。目前，沪深A股市场大约有150家上市公司的每股净资产都是不足1元的，这些公司一定都是存在较严重的经营问题的。

5. 每股股利计算

每股股利是公司股利总额与公司流通股数的比值，是反映股份公司每一普通股获得股利多少的一个指标，每股股利越大，则公司股本获利能力就越强；每股股利越小，则公司股本获利能力就越弱。

上市公司每股股利发放多少，除了受上市公司获利能力大小影响以外，还取决于公司的股利发放政策。如果公司为了增强公司发展的后劲而增加公司的公积金，则当前的每股股利必然会减少；反之，则当前的每股股利会增加。

一般来说，每股收益是公司每一普通股所能获得的税后净利润，但上市公司实现的净利润往往不会全部用于分派股利。每股股利通常低于每股收益，其中一部分作为留存利润用于公司自我积累和发展。

但有些年份，每股股利也有可能高于每股收益。比如在有些年份，公司经营状况不佳，税后利润不足支付股利，或经营亏损无利润可分。按照规定，为保持投资者对公司及其股票的信心，公司仍可按不超过股票面值的一定比例，用历年积存的盈余公积金支付股利，或在弥补亏损以后支付。这时每股收益为负值，但每股股利却为正值。

每股股利的计算公式为：

每股股利 ＝ 当期发放的现金股利总额 ÷ 总股本

在公司分配方案的公告中每股股利通常表述为"每 10 股发放现金股利××元"，所以投资者需要将分配方案中的现金股利再除以 10 才可以得到每股股利。此外，如果公司 1 年中有两次股利发放，需要将两次股利相加后除以总股本得出年度每股股利。计算每股股利一是可能衡量公司股利发放的多寡和增减，二是可以作为股利收益率指标的分子，计算股利收益率是否诱人。每股股利与每股收益一样，由于分母是总股本，所以也会有因为股本规模扩大导致的摊薄效应。对于投资者而言，不论公司股本是否扩大，都希望每股股利保持稳定，尤其对于收益型股票，每股股利的变动是投资者选股的重要考量。

【例3-9】某企业普通股发行股数为1800万股，每股盈利2.58元，计提盈余公积金、公益金共计696.6万元，该企业无优先股，无留用利润，则该企业每股股利是多少？

企业全年盈利 = 2.58 × 1800 = 4644（万元）

可供股利分配 = 4644 - 696.6 = 3947.4（万元）

每股可分股利 = 3947.4 ÷ 1800 = 2.193（元）

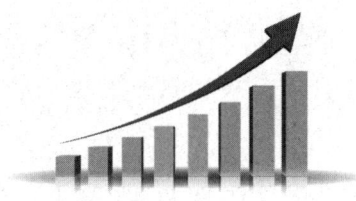

6. 每股股利支付率计算

股利支付率又称股利发放率、派息率，它是反映普通股每股股利与每股净益之间比例关系的比率，表明净收益中股利发放的程度。借助于该指标，投资者可以了解一家上市公司的股利发放政策。

股利支付率的计算公式为：

$$股利支付率 = 每股股利 \div 每股净收益 \times 100\%$$

股利支付率是股东非常关心的一个指标。每股股利相同而股利支付率不同的公司，派息基础可能是大不相同的。股利支付率低的公司可能在利润充裕的情况下分红，而股利支付率高的公司可能在利润拮据的情况下分红。显然，它们的发展前景可能大相径庭。从投资者角度来看，某些投资者，特别是短期投资者，倾向于高额股利发放率，期望在短期内获得实惠；而长期投资者则希望公司少发股利，保留在股东权益内，以扩大再生产。这样，企业实力增强，竞争能力提高，股票市价稳步上升，从长远来看，对他们有利。

绝不能简单地认为股利支付率越高越好。有的公司虽然股利支付率低一些，但其盈利水平却很高，目前少发股利的目的是为了将大量利润用于再投资。这意味着公司尚有增加股利派发的潜力，股票也有升值的机会。相反，有的公司内部缺乏再投资的条件，虽有较高的股利支付率，但公司的发展后劲不足。当然，最理想的公司是每股股息额很高，而股利支付率却很低。同样，股利支付率也与行业特点有关。收入较为稳定的行业和处于稳定发展阶段的行业，其股利支付率往往较高；而新兴行业，具有成长性的公司的股利支付率率却很低。

股利支付率是股利政策的核心。确定股利支付率，首先要弄清公司在满足未来发展所需的资本支出需求和营运资本需求，有多少现金可用于发放股利，然后考察公司所能获得的投资项目的效益如何。如果现金充裕，投资项目的效益又很好，则应少发或不发股利；如果现金充裕但投资项目效益较差，则应多发股利。

【例3-10】某公司2006年初发行在外的普通股为200万股（每股面值1元、市价12元），优先股40万股（每股面值2元、按面值10%支付股利，每半年支付一次股利，按1年股利的1/2支付）。2006年7月1日将优先股按1:2的比例全部转换为普通股。10月15日购回股票24万股。本年末宣告普通股现金股利1382.4万元，本年税后净利为1386.9万元。

则：

每股收益=（1386.9-40×2×10%÷2）÷（200+40×2×5÷12-24×2÷12）=6.03（元）

每股股利=1382.4÷（200+80-24）=1382.4÷256=5.4（元）

股利支付率=1382.4÷（1386.9-40×2×10%÷2）=99.96%

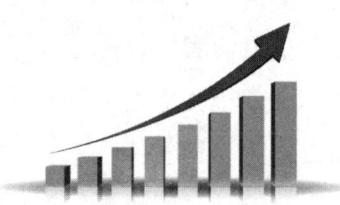

7. 每股收益增长率计算

在判别个股的成长性方面，主要有三个指标：一是 EPS 增长率，二是 PEG，三是销售收入增长率，它们是检验个股有无成长性的试金石，也是一般机构衡量个股成长性方面的三大核心指标。

EPS 增长率，即每股收益增长率，是指反映了每一份公司股权可以分得的利润的增长程度。该指标通常越高越好。

每股收益增长率的计算公式为：

每股收益增长率 = （本期净利润÷本期总股本 - 上年同期净利润÷上年同期总股本）÷ABS（上年同期净利润÷上年同期总股本）×100%

简化公式：（本期每股收益 - 上期每股收益）÷abs（上期每股收益）×100%

每股收益增长率的使用方法：

（1）该公司的每股收益增长率和整个市场的比较。

（2）和同一行业其他公司的比较。

（3）和公司本身历史每股收益增长率的比较。

（4）以每股收益增长率和销售收入增长率的比较，衡量公司未来的成长潜力。

【例 3 - 11】某公司 2004 年的每股收益为 0.75 元，该公司 2003 年的每股收益为 0.11 元。

则该公司每股收益增长率 = （0.75 - 0.11）÷0.11×100% = 580%

一般而言，EPS 增长应伴随着营收的成长，否则可能只是因为削减成本或一次性收益等无法持续的因素造成。

每股收益增长率反映中期业绩增长预期，是许多估值指标如 PE、PEG 等的驱动力量。通过杜邦比率分析来看，EPS 增长率自身的驱动因素包括资本性开支（CAPEX）、资产周转率、营业利润率、净负债比率和股息分配率，EPS 若想增长前三项因素也必需增长，而后两项因素只有下降才能驱动 EPS 增长。需要注意的是，EPS 增长率在公司扭亏为盈和由盈转亏或起始年度 EPS 极低的时候会失去指导意义。

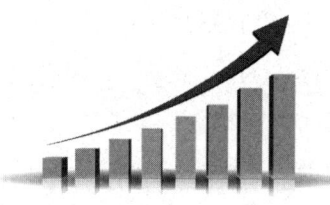

8. 每股未分配利润计算

每股未分配利润是指公司历年经营积累下来的未分配利润或亏损。每股未分配利润反映的是公司转增股本的能力，即公司的高送配能力。它是公司未来可扩大再生产或是可分配的重要物质基础。与每股净资产一样，它也是一个存量指标。

未分配利润有两个方面的含义：一是留待以后年度分配的利润；二是尚未指定特定用途的利润。资产负债表中的未分配利润项目反映了企业期末在历年结存的尚未分配的利润数额，若为负数则为尚未弥补的亏损。

每股未分配利润的计算公式为：

每股未分配利润 = 企业当期未分配利润总额 ÷ 总股本

其实，每股未分配利润应该是一个适度的值，并非越高越好。大家知道，未分配利润长期积累而不分配，肯定是会贬值的。例如，假设一家上市公司的"每股未分配利润"高达 5 元以上，但它既不扩大再生产，又舍不得给股东分红，这样的公司运营一定是有问题的。

一般地，上市公司在当期分配后，如果仍能保持每股未分配利润在 0.5 元以上，大体应该算是比较正常的。

如果每股未分配利润为零，甚至是负数，则公司可列为高风险级别。

由于每股未分配利润反映的是公司历年的盈余或亏损的总积累，因此，它尤其能真实地反映公司的历年滚存的账面亏损。也许某家公司现在的每股年收益为 0.3 元，但它的每股未分配利润却是 -2 元，则以现在的盈利水平计算，该公司至少需要 7 年左右的时间，才能将这一亏损"黑洞"填平，之后，才有可能给股东提供分红机会。这就是说，该公司在填补这一亏损黑洞的 7 年中，都是没有资格分红的。

这里还要特别解释一下，每股未分配股利为负值的原因。净利润并不是企业全部的留存收益，在净利润之后还有一个利润分配的过程。

未分配利润 = 净利润 + 年初未分配利润 - 提取盈余公积 - 提取公益金 - 应付普通股股利等等分配之后，剩余的才是未分配利润。

【例 3 - 12】某公司年终利润分配前的有关资料如表 3 - 2 所示。

表 3 - 2   某公司年终利润分配前的有关资料

项　目	金　额
上年未分配利润	1000 万元
本年税后利润	2000 万元
股本（500 万股，每股 1 元）	500 万元
资本公积	100 万元
盈余公积（含公益金）	400 万元
所有者权益合计	4000 万元

每股市价 40 万元。

该公司决定：本年按规定比例 15% 提取盈余公积（含公益金），发放股票股利 10%（即股东每持 10 股可得 1 股），并且按发放股票股利后的股数派发现金股利每股 0.1 元。

假设股票每股市价与每股账面价值成正比例关系，则：

提取盈余公积 = 2000 × 15% = 300（万元）

现金股利 = 500 × （1 + 10%）× 0.1 = 55（万元）

未分配利润余额 = 1000 + （2000 - 300 - 2000 - 55）= 645（万元）

每股未分配股利 = 645 ÷ 500 = 1.29（元/股）

9. 每股现金流量计算

每股现金流量就是公司的现金流量除以总股本。

每股现金流量可以在相关公司的资产负债表中找到货币资金一栏，就可以看见了。

其中，现金流量是指企业某一期间内的现金流入和流出的数量。

属于现金流入的有：销售商品、提供劳务、出售固定资产、收回投资、借入资金等；

属于现金流出的有：购买商品、接受劳务、购建固定资产、现金投资、偿还债务等。

总股本是指流通在外的普通股股数。

每股现金流量指标反映了每股流通在外的变通股的现金净流量，每股现金流量通常比每股盈余要高，这是因为公司正常经营活动所产生的净现金流量还会包括一些从利润中扣除出去但又不影响现金流出的费用调整项目，如折旧费等。从短期来看，每股现金流量比每股收益更能显示从事资本性支出及支付股利的能力。从这个角度来说，该指标的值越大越好，但每股现金流量也有可能低于每股盈余。

一家公司的每股现金流量越高，说明这家公司的每股普通股在一个会计年度内所赚得的现金流量越多；反之，则表示每股普通股所赚得的现金流量越少。虽然每股现金流量在短期内比每股收益更能显示公司在资本性支出和支付股利方面的能力，但每股现金流量决不能用来代替每股收益作为公司盈利能力的主要指标的作用。

每股现金流量是公司营业业务所带来的净现金流量减去优先股股利与流通在外的普通股股数的比率。每股现金流量的计算公式如下：

每股现金流量 = (营业业务所带来的净现金流量 – 优先股股利) ÷流通在外的普通股股数

【例 3 – 13】某公司 2002 年末营业带来的净现金流量为 1887. 6295 万元，优先股股利为零，普通股股数为 8600 万股，那么

每股现金流量 = (1887. 6295 万元 – 0) ÷8600 万股 = 0. 22 (元/股)

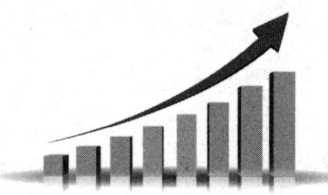

10. 每股资本公积金计算

每股资本公积金是指从公司的利润以外的收入中提取的一种公积金。其主要来源有股票溢价收入、财产重估增值，以及接受捐赠资产等。其用途主要是扩大公司生产经营活动和增加公司注册资本。

公积金分资本公积金和盈余公积金。

资本公积金：溢价发行债券的差额和无偿捐赠资金实物作为资本公积金。

盈余公积金：从偿还债务后的税后利润中提取 10% 作为盈余公积金。

资本公积金包括资本（或股本）溢价、接受捐赠资产、拨款转入、外币资本折算差额等。资本公积项目主要包括：

资本（或股本）溢价，是指企业投资者投入的资金超过其在注册资本中所占份额的部分。

接受非现金资产捐赠，是指企业因接受非现金资产捐赠而增加的资本公积。

接受现金捐赠，是指企业因接受现金捐赠而增加的资本公积。

股权投资准备，是指企业对被投资单位的长期股权投资采用权益法核算时，因被投资单位接受捐赠等原因增加的资本公积，企业按其持股比例计算而增加的资本公积。

拨款转入，是指企业收到国家拨入的专门用于技术改造、技术研究等的拨款项目完成后，按规定转入资本公积的部分。企业应按转入金额入账。

外币资本折算差额，是指企业接受外币投资因所采用的汇率不同而产生的资本折算差额。

其他资本公积，是指除上述各项资本公积以外所形成的资本公积，以及从资本公积各准备项目转入的金额。债权人豁免的债务也在本项目核算。

每股资本公积金的计算公式为：

每股资本公积金 = 资本公积金 ÷ 总股本

公司的公积金可以用于公司的亏损、扩大公司生产经营或者转为增加公司资本。但是，资本公积金不得用于弥补公司的亏损。而资本公积各准备项目则不能转增资本（或股本）。

【例 3 - 14】某上市公司发行股票 4500 万股，股价 8.7 元，可用资本公积金 1288035000 元。

则：

总股本 = 45000000 × 8.7 = 391500000（元）

每股资本公积金 = 1288035000 ÷ 391500000 = 3.29（元）

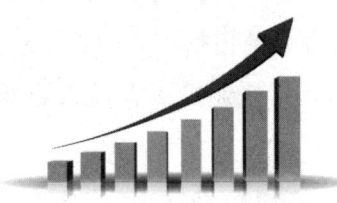

第四章 股票投资报酬计算公式

1. 股东权益报酬率计算

净资产收益率又称股东权益报酬率/净值报酬率/权益报酬率/权益利润率/净资产利润率，是衡量上市公司盈利能力的重要指标。它是指利润额与平均股东权益的比值，股东权益报酬率越高，说明投资带来的收益越高；该指标越低，说明企业所有者权益的获利能力越弱。该指标体现了自有资本获得净收益的能力。

净资产收益率反映公司所有者权益的投资报酬率，具有很强的综合性。

一般认为，企业净资产收益率越高，企业自有资本获取收益的能力越强，运营效益越好，对企业投资人、债权人的保证程度就越好。

一般来说，负债增加会导致净资产收益率的上升。企业资产包括了两部分，一部分是股东的投资，即所有者权益（它是股东投入的股本，企业公积金和留存收益等的总和）；另一部分是企业借入和暂时占用的资金。企业适当地运用财务杠杆可以提高资金的使用效率，借入的资金过多会增大企业的财务风险，但一般可以提高盈利，借入的资金过少会降低资金的使用效率。净资产收益率是衡量股东资金使用效率的重要财务指标。

股东权益报酬率计算公式为：

股东权益报酬率 = 净利润 ÷ 平均净资产 × 100%

其中：

平均净资产 = （年初净资产 + 年末净资产）÷ 2

该公式的分母是"平均净资产"，也可以使用"年末净资产"。如公开发行股票公司的净资产收益率可按下面公式计算：

股东权益报酬率 = 净利润 ÷ 年度末股东权益 × 100%

净利润/净资产 = 销售利润率 × 资产周转率 × 权益乘数（财务杠杆）。

销售利润率 = 利润总额 ÷ 销售收入（盈利能力）

资产周转率 = 销售收入 ÷ 总资产（营运能力）

权益乘数 = 总资产 ÷ 净资产（偿债能力）

【例 4 - 1】某公司 2004 年的净利润为 680 万，销售收入 4500 万元，年末资产总额 3800 万元，年末股东权益总额 1600 万元，普通股平均股数 500 万股，营业净利率 15.11%，总资产周转率（按照平均数计算）1.29，权益乘数（按照平均数计算）2.33。

则：

2004 年股东权益报酬率 = 15.11% × 1.29 × 2.33 = 45.41%

从上述公式中，我们很容易看出为什么这些是股东权益报酬率的组成部分。净利润，即反映了一家公司在运营、行政管理、财务管理和税收管理方面的效率，净利润率越大越稳定，则表明公司取得的利润也越大越多。

资产周转率，即销售收入/总资产，揭示了利用资产去达到一定销售规模的效率，不合理的配置或者过剩的资产都会导致低的资产收益率，这也会相应地会反映在股东权益回报和盈利能力上。

把利润率和资产周转率相乘就得到了资产报酬率。一个公司可以通过提高利润率或者以资产周转率来衡量的效率来增加它的资产回报率，从而提高股东权益回报。利润可以通过降低销售费用来改善。资产周转率则可以通过在给定的资产水平基础上出售更多的货物来获得。这就是公司总是试图剥离那些不能产生与之价值相对应或者产生的销售收入逐渐减少的资产的原因。当考察利润率或者资产的周转率时，考虑行业的趋势并比较公司在该行业中的表现是很重要的。

而财务杠杆是权益回报率这个公式中最后的一个因素。财务杠杆即总资产除以普通股东权益，反映了公司是通过债务还是与之相反的权益来完成融资的。财务杠杆越大，公司的财务风险也就越大，但同时股东权益回报也越大，如果权益相对债务而言较小，那么在公司盈利的前提下，产生的利润将导致高的股东回报率。在衰弱时期，高财务风险公司不能产生足够的现金流来支付利息。无论在好的年成还是差的年成，债务都扩大了这种利润对权益回报的影响。当资产回报率和权益回报率之间出现较大的差异时，投资者就应该认真的考察一下流动比率和财务风险比率了。一般，一家理想的公司会通过在低风险、低财务杠杆的情形下，有效的利用资产来保持一种高水平的净利润。利用股东权益回报率的关键在于仔细考察，弄懂这些比率之间的相互影响。

在实战中，投资者也可以利用股东权益报酬率来筛选个股：

最近 12 个月以及过去 5 年的每一年的股东权益回报要超过同一时期行业平均水平的 1.5 倍；

最近 12 个月的利润大于同一时期行业的平均水平；

最近一个季度的总负债/总资产比率大于同一时期行业该指标的平均水平；

最近 12 个月的资产周转率大于同一时期行业该指标的平均水平；

最近 12 个月的收益增长率为正；

最近 12 个月的收益增长率大于同一时期行业每股收益增长率的平均水平；

最近 5 年的每股收益增长率为正；

最近 5 年的每股收益增长率大于同一时期行业每股收益增长率的平均水平；

最近 12 个月的销售收入增长率为正；

最近 12 个月的收益增长率大于同一时期行业的平均增长率；

最近 5 年的销售收入增长率为正；

最近 5 年的销售收入增长率大于同一时期行业收入的平均增长率。

投资者还要注意两种特殊情况下股东权益报酬率的计算：

全面摊薄股东权益报酬率 = 报告期利润 ÷ 期末净资产

加权平均股东权益报酬率（ROE）的计算公式如下：$ROE = P/[E0 + NP \div 2 + Ei \times Mi \div M0 - Ej \times Mj \div M0]$

其中：

P—报告期利润；NP 为报告期净利润；E0—期初净资产；Ei 为报告期发行新股或债转股等新增净资产；Ej—报告期回购或现金分红等减少净资产；M0—报告期月份数；Mi—新增净资产下一月份起至报告期期末的月份数；Mj—减少净资产下一月份起至报告期期末的月份数。

一般情况下，对企业内更多的侧重采用加权平均法计算出的股东权益报酬率；对企业外更多的侧重采用全面摊薄法计算出的股东权益报酬率。

【例 4 - 2】某公司当期净利润 10000 万，期初净资产 20000 万，本期 6 月份的时候增发了 5000 万股，不考虑资本公积等增加的情况下，则期末净资产为 35000 万。

则：

$$加权平均净资产收益率 = 10000 \div [(20000 + 35000) \div 2 + 5000 * 6 \div 12]$$
$$= 33.33\%$$

【例 4 - 3】某公司年初总股本 20000 万元，每股面值 1 元，净资产 40000

万元。10月份以10配3的比例配股6000万股，配股价每股6元。全年净利润8000万元。

则：

用全面摊薄法计算股东权益报酬率＝8000÷40000＝20%

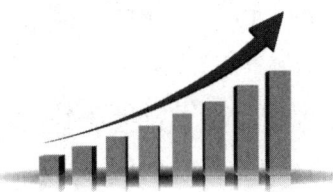

2. 市销率计算

市销率简称 P/S 或 PSR，也叫股价营收比，市值营收比，是股票的一个估值指标。市销率是以公司市值除以上一财年（或季度）的营利收入，或等价地以公司股价除以每股营利收入。

这一指标可以用于确定股票相对于过去业绩的价值。市销率也用于来确定一个市场板块或整个股票市场中的相对估值。市销率越小（比如小于1），通常被认为投资价值越高，这是因为投资者可以付出比单位营利收入更少的钱购买股票。

市销率低于1，曾经是美国一些投资家选股的出发点。它隐含的意思是：如果一家企业每年销售收入1亿元，投资家愿意对此出价1亿元，假设利润率能达到5%，则隐含的市盈率是20倍。有的投资家之所以愿意以这个价格去买，是因为他们认为如果自己入手进行管理，则利润率能提升一个以上百分点，股价就会显得便宜——如果利润率达到10%，则原先的出价对应的市盈率就将是10倍，所以买卖就是划算的。

当然，市销率低于1，也只适合销售净利率大于5%的工业企业。对于商业企业来说，利润率是比较低的，估值也就会再低一些。

不同的市场板块市销率的差别很大，所以市销率在比较同一市场板块或子板块的股票中最有用。同样，由于营利收入不像盈利那样容易操纵，因此市销率比市盈率更具业绩的指标性。但市销率并不能够揭示整个经营情况，因为公司可能是亏损的。市销率经常被用于来评估亏损公司的股票，因为没有市盈率可以参考。在几乎所有网络公司都亏损的时代，人们使用市销率来评价网络公司的价值。

市销率的计算公式为：

市销率＝股价×总股本/主营业务收入

或

市销率 = 股价 ÷ 每股销售额

　　市销率与市盈率的使用方法相同，对公司股票当前合理估值倍数要么来自于历史上经营状况相似时期的市销率倍数，要么与其他类似公司或行业平均市销率对比。市销率一般用在给亏损或微利公司，或公司业绩前景有极大不确定性时估值。此时市盈率对这类公司已经不再适用，只要投资者相信其销售收入可以保持稳定增长，市场份额是稳定的，而且今后公司会扭亏为盈，利润达到行业平均或历史正常水平，就可以暂时用市销率对其股票估值。通常，市销率假如跌倒 1 倍以下，就可视为低估，3 倍以上则是高估。

　　【例 4 - 4】某公司 2006 年总股本为 16，000 万元，当年主营业务收入为 13114.75 万元。则

　　市销率：16000 ÷ 13114.75 = 1.22（倍）

3. 市净率计算

市净率又叫做市账率，指的是每股股价与每股净资产的比率。市净率可用于投资分析。每股净资产是股票的账面价值，它是用成本计量的，而每股市价是这些资产的现在价值，它是证券市场上交易的结果。市价高于账面价值时企业资产的质量较好，有发展潜力；反之则资产质量差，没有发展前景。优质股票的市价都超出每股净资产许多，一般说来市净率达到3可以树立较好的公司形象。市价低于每股净资产的股票，就像售价低于成本的商品一样，属于"处理品"。当然，"处理品"也不是没有购买价值，问题在于该公司今后是否有转机，或者购入后经过资产重组能否提高获利能力。它是市价与每股净资产之间的比值，比值越低意味着风险越低。

市净率的计算公式：

市净率 = 每股市价 ÷ 每股净资产

净资产的多少是由股份公司经营状况决定的，股份公司的经营业绩越好，其资产增值越快，股票净值就越高，因此股东所拥有的权益也越多。

一般来说市净率较低的股票，投资价值较高，相反，则投资价值较低。但在判断投资价值时还要考虑当时的市场环境以及公司经营情况、盈利能力等因素。

此外，市净率还可以用于确定股票的发行价格。

通过市净率定价法估计股票发行价格时，首先，应根据审核后的净资产计算出发行人的每股净资产；其次，根据二级市场的平均市净率、发行人的行业情况、发行人的经营状况及其净资产收益率等拟定发行市净率；最后，依据发行市净率与每股净资产的乘积决定发行价。

【例 4 - 5】某公司 2005 年年报显示其每股净资产为：5.05 元，以 12 月 31 日收盘价 9.88 元来计算，则

市净率为：$9.88 \div 5.05 = 1.95$（倍）

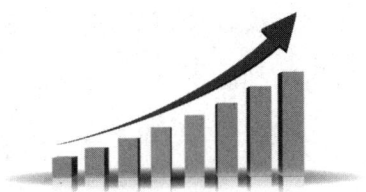

4. 净利润率计算

净利润率又成销售净利率是反映公司盈利能力的一项重要指标，是扣除所有成本、费用和企业所得税后的利润率。

计算公式为：

净利润率 =（净利润 ÷ 主营业务收入）×100%

从销售净利率的指标关系看，净利额与销售净利率成正比关系，而销售收入额与销售净利率成反比关系。企业在增加销售收入额的同时，必须相应地获得更多的净利润，才能使销售净利率保持不变或有所提高。通过分析销售净利率的升降变动，可以看出，企业在扩大销售的同时，经营管理是否改进，盈利水平是否提高。销售净利率可以分解成为销售毛利率、销售税金率、销售成本率、销售期间费用率等。

销售净利润率反映公司销售收入的盈利水平。销售净利润率比较高或提高，说明公司的获利能力较强或提高；销售净利润率比较低或降低，说明公司的成本费用支出较强或上升，应进一步分析原因是营业成本上升还是公司降价销售，是营业费用过多还是投资收益减少，以便更好地对公司经营状况进行判断。

在进行销售净利润率分析时，投资者可以将连续几年的指标数值进行分析，从而测定销售净利润率的发展变化趋势；同样也可将公司的指标数值与其他公司指标数值或同行业平均水平进行对比，从而评价公司盈利能力的高低。

只关注净利润的绝对额增减变动不足以反映公司盈利状况的变化，还需要结合主营业务收入的变动。例如，如果主营业务收入增长率快于净利润增长率，则公司的净利润率会出现下降，说明公司盈利能力在下降；相反，如果净利增长快于收入则净利润率会提升，说明公司盈利能力在增强。所以，净利润率比净利润更能说明问题。但是，如果净利润中存在大量非经常性损益、非主营收入，以及所得税变动，这样的净利润率质量会下降，不能完全反映公司业务的盈利状况，这时营业利润率或 EBITDA 利润率就是更好的指标。

【例 4 – 6】某公司 2004 年度销售收入 2869.27 万元，实现净利润 632.41 万元，则：

该公司净利润率为（632.41÷2869.27）×100% ＝22%

【例 4 – 7】某公司 2005 年中期净利润为 3131065 元，销售收入为 8628970 元，则：

销售净利率 ＝3131065÷8628970×100% ＝36.29%

将此公司 36.29% 的销售净利率与此公司所属行业 2005 年中期平均销售净利率（假设为 30%）相比，我们可知此公司获利能力是较高的。

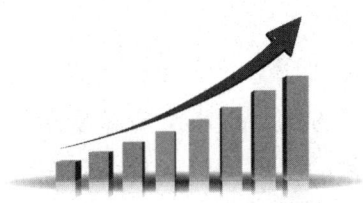

5. 营业利润率计算

营业利润率是指企业的营业利润与营业收入的比率。它是衡量企业经营效率的指标，反映了在不考虑非营业成本的情况下，企业管理者通过经营获取利润的能力。营业利润率越高，企业百元商品销售额提供的营业利润越多，企业的盈利能力越强；反之，此比率越低，说明企业盈利能力越弱。

一般来说，影响营业利润率因素有如下几项。

（1）销售数量。
（2）单位产品平均售价。
（3）单位产品制造成本。
（4）控制管理费用的能力。
（5）控制营销费用的能力。

投资者应充分理解营业利润率的市场意义。主营业务利润率是从企业主营业务的盈利能力和获利水平方面对资本金收益率指标的进一步补充，体现了企业主营业务利润对利润总额的贡献，以及对企业全部收益的影响程度。

营业利润率体现了企业经营活动最基本的获利能力，没有足够大的主营业务利润率就无法形成企业的最终利润，为此，结合企业的主营业务收入和主营业务成本分析，能够充分反映出企业成本控制、费用管理、产品营销、经营策略等方面的不足与成绩。

营业利润率越高，说明企业产品或商品定价科学，产品附加值高，营销策略得当，主营业务市场竞争力强，发展潜力大，获利水平高。

营业利润率的计算公式为：

营业利润率 = 营业利润 ÷ 营业收入（商品销售额）×100%

投资者一定要把营业利润率与销售净利率区分开，从计算公式上可以看出两者的不同之处。

营业利润＝（主营业务收入－主营业务成本）＋（其他业务收入－其他业务成本）－营业税金及附加

营业成本＝主营业务成本＋其他业务成本

净利率＝净利润÷营业成本

净利润＝营业利润＋（营业外收入－营业外支出）－管理费用－销售费用－财务费用

简单地说，营业利润率就是指经营过程中的利润率是多少，而净利率是指除掉所得税等及一切费用之后净赚的利润率。

【例4－8】某公司2000年的主营业务收入为8150万元，年度资产减值准备为1130万元，营业费用4380万元，财务费用为320万元，管理费用为610万元，营业税及附加为464万元。

则该公司2000年营业利润率为：

营业利润＝主营业务利润－资产减值准备－营业费用－管理费用－财务费用＝8150－1130－4380－320－610－464＝1246（万元）

营业利润率＝1246÷8150×100%＝15.29%

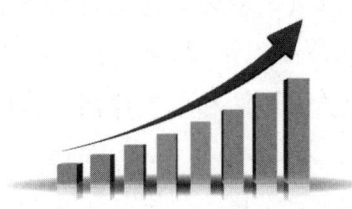

6. 现金流量净额计算

现金净流量是现金流量表中的一个指标，是指一定时期内，现金及现金等价物的流入（收入）减去流出（支出）的余额（净收入或净支出），反映了企业本期内净增加或净减少的现金及现金等价物数额。

在此应注意两点：第一，净现金流量是同一时点现金流入量与现金流出量之差。第二，净现金流量按投资项目划分为三类：完整工业投资项目的净现金流量、单纯固定资产项目的净现金流量和更新改造项目的净现金流量。

净现金流量所反映的是企业在一定时期内现金流入和流出的资金活动结果。在数额上它是以收付实现制为原则的现金流入量和现金流出量的差额。其基本计算公式为：

净现金流量 = 现金流入量 – 现金流出量

净现金流量有营运和投资型两类。营运型净现金流量是对现有企业常规经营运行情况下的现金流入、流出活动的描述。一般用于企业资产的整体评估，有的也用于无形资产的整体评估和单项评估。其计算公式如下：

营运型净现金流量 = 净利润 + 折旧 – 追加投资

投资型净现金流量是对拟新建、扩建、改建的企业，在建设期，投产期和达产期整个寿命期内现金流入和流出的描述。其计算公式为：

投资型净现金流量 = 投资型净现金流入量 – 投资型净现金流出量

投资型净现金流入量 ＝ 销售收入 ＋ 固定资产余值回收 ＋ 流动资产回收

投资型净现金流出量 ＝ 固定资产投资 ＋ 注入的流动资金 ＋ 经营成本 ＋ 销售税金及附加 ＋ 所得税 ＋ 特种基金

技术资产评估中最常选用的是投资型净现金流量。这一指标，按照资金来源可分为全部投资现金流量、自有资金现金流量、国内投资现金流量和国外投资现金流量。在评估实务中，因评估的是技术资产的盈利能力而不是利后的归属，所以一般用全部投资的净现金流量作为预期收益颇。

【例4－9】某企业当期净利润为600万元，投资收益为100万元，与筹资活动有关的财务费用为50万元，经营性应收项目增加75万元，经营性应付项目减少25万元，固定资产折旧为40万元，无形资产摊销为10万元。假设没有其他影响经营活动现金流量的项目，则该企业当期经营活动产生的现金流量净额为：

净现金流量 ＝ 利润总额（净利润）＋ 不需支付现金的成本费用（固定资产折旧净增额 ＋ 无形资产摊销净增额）－ 未实现现金流入的收入（经营性应收项目增加）－ 未计入成本的现金支出（经营性应付项目减少）＝ 600 ＋（40 ＋ 10）－ 75 － 25 ＝ 550（万元）

投资性现金流量为100万元，筹资性现金流量为 － 50万元

经济活动现金流量净额 ＝ 净现金流量 － 投资性现金流量 － 筹资性现金流量 ＝ 550 － 100 ＋ 50 ＝ 500（万元）

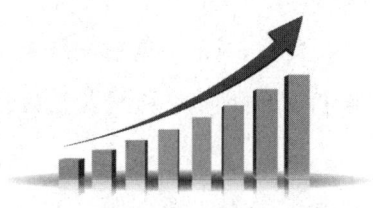

7. 净利润现金含量

净利润现金含量是指生产经营中产生的现金净流量与净利润的比值。该指标也越大越好，表明销售回款能力较强，成本费用低，财务压力小。

很多投资者对净利润现金含量为什么会出现负值感到不解，这里特别解释一下。我们知道企业的利润 = 企业收入 - 企业成本费用，但是这是权责发生制下的计算，也就是说，收入未必已经实际收到现金，成本费用未必已经实际支付现金，所以，在企业有利润的情况下，企业未必已经真的收到了等同利润金额的现金，很可能出现利润为正数，而现金流量小于利润甚至为负数的情况。

净现金流量是根据现金流量计算的，净利润是根据权责发生制计算的，比如一家公司收到大量预付款，没有确认收入，不计算利润，但是收到现金，所以这个比例会非常高。

利润表中的净利润是建立在权责发生制基础上的，对应计收入、应记费用等项目存在着估计成分，对有关资产、损益项目的确认和分配也因存在不同方法而产生不同的结果．这样就可能出现账面反映有较高利润，但资金周转却发生困难，缺乏足够的现金支付能力。而现金流量表是以收付实现制为基础，通过分析调整利润表中各项目对现金流量的影响计算编制的，它能揭示经营活动所得现金和净利润的关系。有助于解释为什么有的企业有盈利却没有足够的现金支付工资、股利和偿还债务，有的企业没有盈利却有足够的现金支付能力。那么，如何解释这一现象？事实上，以"净利润现金含量""净利润经营活动现金含量"指标大体可揭示个中原因。净利润现金含量公式为：

净利润现金含量 = 现金净增加额 ÷ 净利润

该指标反映企业当期实现净利润的可靠程度，若该指标大于"1"，反映企业当期净利润有足够的现金保障；反之，若该指标长期低于"1"，则说明与已经确认为利润所对应的资产，可能含有不能转化为现金流量的虚拟资产，如长期不能收回的应收账款或呆滞存货等。

净利润经营活动现金含量 = 经营活动现金流量净额 ÷ 净利润

该指标反映企业当期经营活动对净利润现金流量的保证程度。借鉴上市公司衡量标准，该指标的理想状态值越大越好，比如每股收益 0.7 元，说明企业盈利；每股现金含量 -0.15 元，说明企业资金周转出现问题，入不敷出，可能是销售回款率低，或是特殊原因备货备材料，采购支付材料款较大。利用该指标可剔除企业因投资、筹资筹财务活动对现金流量的影响，更准确地反映企业通过经营性资产的流动获取现金的能力。

【例 4 - 10】某公司报告期内公司经营活动现金流量净额为 8897.07 万元，当期净利润为 42367 万元。

则经营活动净利润现金含量为：8897.07 ÷ 42367 = 0.21（元）

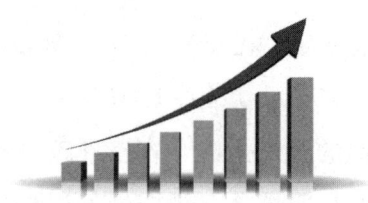

8. 市盈率计算

市盈率又叫做本益比，也称"股价收益比率"。市盈率是最常用来评估股价水平是否合理的指标之一，由股价除以年度每股盈余（EPS）得出（以公司市值除以年度股东应占溢利亦可得出相同结果）。

市盈率对个股、类股及大盘都是很重要参考指标。任何股票若市盈率大大超出同类股票或是大盘，都需要有充分的理由支持，而这往往离不开该公司未来盈利率将快速增长这一重点。

一家公司享有非常高的市盈率，说明投资人普遍相信该公司未来每股盈余将快速成长，以至数年后市盈率可降至合理水平。一旦盈利增长不如理想，支撑高市盈率的力量无以为继，股价往往会大幅回落。

何谓合理的市盈率没有一定的准则，但以个股来说，同业的市盈率有参考比照的价值；以类股或大盘来说，历史平均市盈率有参照的价值。

市盈率是很具参考价值的股市指标，容易理解且数据容易获得，但也有不少缺点。比如，作为分母的每股盈余，是按当下通行的会计准则算出，但公司往往可视需要斟酌调整，因此理论上两家现金流量一样的公司，所公布的每股盈余可能有显著差异。此外，投资者亦往往不认为严格按照会计准则计算得出的盈利数字忠实反映公司在持续经营基础上的获利能力。因此，分析师往往自行对公司正式公式的净利加以调整，比如以未计利息、税项、折旧及摊销之利润（EBITDA）取代净利来计算每股盈余。

投资人对每一块钱的税后盈余愿意出多少钱来购买。就公司的观点而言，此一比率表示公司对股东权益市价的权利能力。在投资分析时，市盈率和每股盈余都相当重要，由于市盈率乘以每股盈余可以得到股票价格，于是常利用这一个关系求得股票应有的价格，股票价格经常反映出投资人对公司未来预期的盈余。通常市盈率数值愈低愈具有投资价值，至于数值应该多少适合买进，并没有一定的理论，一般较有经验的投资人在 10 ~ 15 之间买卖。但是在实际进行投资时，仍须考虑其他影响股价和盈余的客观因素。

市盈率的计算公式为：

市盈率（静态市盈率）＝普通股每股市场价格÷普通股每年每股盈利

上式中的分子是当前的每股市价，分母可用最近一年盈利，也可用未来一年或几年的预测盈利。市盈率是估计普通股价值的最基本、最重要的指标之一。一般认为该比率保持在 20 ~ 30 之间是正常的，过小说明股价低，风险小，值得购买；过大则说明股价高，风险大，购买时应谨慎。但高市盈率股票多为热门股，低市盈率股票可能为冷门股。

【例 4 – 11】某公司 2001 年每股税后利润 0.60 元，2002 年 4 月实施每 10 股转 3 股的公积金转增方案，6 月 30 日收市价为 43.00 元，

则：

市盈率为：43÷0.60÷（1＋0.3）＝93.17（倍）

市盈率 < 0：指该公司盈利为负（因盈利为负，计算市盈率没有意义，所以一般软件显示为"—"。）

市盈率在 0 ~ 13 之间：即价值被低估。

市盈率在 14 ~ 20 之间：即正常水平。

市盈率在 21 ~ 28 之间：即价值被高估。

市盈率大于 28：反映股市出现投机性泡沫。

我国现通用的是动态市盈率，其计算公式是以静态市盈率为基数，乘以动态系数，该系数为：

动态系数＝1÷［（1＋i）n］

其中：

i—企业每股收益的增长性比率；n—企业的可持续发展的存续期。

【例4-12】某上市公司目前股价为20元，每股收益为0.38元，去年同期每股收益为0.28元，成长性为35%，即 i=35%，该企业未来保持该增长速度的时间可持续5年，即 n=5。

则：

静态市盈率 = 20 ÷ 0. 38 = 52. 63（倍）
动态系数 = 1 ÷ ［（1 + 0. 35）×5］= 0. 15
动态市盈率 = 52. 63 × 0. 15 = 3. 84（倍）

9. 资产净利率计算

资产净利率是净利润与平均资产总额的比值。通过资产净利率的分析，有利于评价企业经营理财业绩的高低。它是一个综合指标，为了正确评价企业经济效益的高低，可用该项指标与本企业前期、本行业平均水平、本行业先进水平进行对比，分析形成差异的原因。

资产净利率指标反映的是公司运用全部资产所获得利润的水平，即公司每占用1元的资产平均能获得多少元的利润。资产净利润率是影响所有者权益利润率的最重要的指标，具有很强的综合性，而资产净利润率又取决于销售净利润率和资产周转率的高低。

资产净利润率越高，说明企业利用全部资产的获利能力越强；资产净利润率越低，说明企业利用全部资产的获利能力越弱。资产净利润率与净利润成正比，与资产平均总额成反比。

资产净利率是公司净利润与平均资产总额的百分比。其计算公式如下：

资产净利率 = 净利润 ÷ 平均资产总额 × 100%

把公司一定期间的净利与公司的资产相比较，可表明公司资产利用的综合效果。指标越高，表明资产的利用效率越高，说明公司在增加收入和节约资金使用等方面取得了良好的效果，否则相反。

公式中的平均资产总额是指企业资产总额年初数与年末数的平均值，其计算公式为：

平均资产总额 = （资产总额年初数 + 资产总额年末数） ÷ 2

净利润 = 利润总额 × （1 - 所得税率）

利润总额 = 营业利润 + 营业外收入 - 营业外支出

【例 4 - 13】某企业 2001 年度利润总额为 136,000 元，资产总额期初为 1,011,550 元，期末数为 1,022,350 元；该年度企业实收资本为 825,000 元；年度销售收入为 403,600 元，年度销售成本为 270,000 元，销售费用为 6,500 元，销售税金及附加 6,600 元，管理费用 8,000 元；年度所有者权益年初数为 800,500 元，年末数为 820,800 元。

则：

净利润 = 136000 - 136000 × 33% = 91120（元）

资产净利率 = 91120 ÷ （1011550 + 1022350）÷ 2 × 100% = 8.96%

10. 毛利率计算

毛利率是指毛利占商品销售收入或营业收入的百分比，是核算企业经营成果和价格制定是否合理的依据。

毛利率有多种分类方式，按商品大类分，有单项商品毛利率、大类商品毛利率、综合商品毛利率，按行业分，有工业企业的产品销售毛利率、商业企业的商品销售毛利率、建安施工企业毛利率、交通运输业毛利率、旅游饮食服务业毛利率，还有按区域划分的区域销售毛利率、按项目划分的项目毛利率等。

毛利率指的是毛利与销售收入（或营业收入）的百分比，其中毛利是收入和与收入相对应的营业成本之间的差额，用公式表示：

$$毛利率 = （销售收入 - 销售成本） \div 销售收入 \times 100\%$$

计算毛利率的毛利额和收入额通常指的是指按某种方式划分的一定期间的毛利额和收入额，与某种划分方式和一定的期间相对应，在计算毛利率时，收入和成本的计算口径与会计上的计算口径一致，对于工商企业，收入指的是不含增值税销项税额的收入，对于建安施工企业，收入为含税收入，特别注意的是，商业一般纳税人企业，成本是按不含进项税额的单价计算确定的。

对于工商企业，毛利额的大小，取决于两个因素，一是数量因素，即销售数量的多少，另一个是质量因素，即单位毛利的大小，用公式表示：

$$
\begin{aligned}
毛利总额 &= \sum [销售数量 \times 单位毛利] \\
&= \sum [销售数量 \times （单位售价 - 单位成本价）] \\
&= \sum [分类销售收入 \times 对应毛利率] \\
&= 销售收入总额 \times 平均毛利率
\end{aligned}
$$

对于毛利率的分布，通常是高科技行业的毛利率比普通产业的毛利率高，新兴产业的毛利率比传统产业、夕阳产业的毛利率高，相对于同类产品，新开发的产品毛利率比原有老产品的毛利率高。

【例4-14】某商品不含税进价12元，不含税售价15元，请问该商品的毛利率是多少？

毛利率 ＝（不含税售价 － 不含税进价）÷ 不含税售价 × 100%

毛利率 ＝（15 － 12）÷ 15 × 100% ＝ 20%

【例4-15】某商品不含税进价800元，含税售价990元，增值税率10%，请问该商品的毛利率是多少？

不含税售价 ＝ 含税售价 ÷（1 ＋ 增值税率）＝ 990 ÷（1 ＋ 10%）＝ 900（元）

毛利率 ＝（不含税售价 － 不含税进价）÷ 不含税售价 × 100%

＝（900 － 800）÷ 900 ＝ 11%

【例4-16】某商品含税进价100元，厂商折扣5%，运输费用2元/件，增值税率5%，含税售价110元，问该商品的毛利率是多少？

不含税进价 ＝ 含税进价 ÷（1 ＋ 增值税率）＝ 100 ÷（1 ＋ 5%）＝ 95（元）

扣除折扣，加运输费后：

不含税进价 ＝ 95 － 95 × 5% ＋ 2 ＝ 92（元）

不含税售价 ＝ 含税售价 ÷（1 ＋ 增值税率）＝ 110 ÷（1 ＋ 5%）＝ 105（元）

毛利率 ＝（不含税售价 － 不含税进价）÷ 不含税售价

＝（105 － 92）÷ 105 ＝ 12.3%

第五章 股票财务指标计算公式

1. 可持续增长率计算

可持续增长率是指不增发新股并保持目前经营效率和财务政策条件下，公司销售所能增长的最大比率。经营效率是指销售净利率和资产周转率；财务政策是指股利支付率和资本结构。

可持续增长率是保持目前财务比率（包括资产负债率）的增长率，按现有财务结构增加借款，即按留存收益增长的多少安排借款，目的是维持当前的财务杠杆和风险水平。

一般来说，可持续增长率基于以下假设：

（1）公司不愿或者不能筹集新的权益资本，增加债务是其唯一的外部筹资来源。

（2）公司打算继续维持目前的目标资本结构。

（3）公司打算继续维持目前的目标股利政策。

（4）公司的净利率将维持当前水平，并且可以涵盖负债的利息。

（5）公司的资产周转率将维持当前的水平。

可持续增长率的假设条件基本上符合大多数公司的情况，一般公司不能随意增发新股，在我国证券监管部门对于上市公司增发新股有严格的审批程序，而且两次增发之间也有一定的间隔年限。另外，经营政策对公司而言一般不会轻易变动，所以这个指标代表企业一个适宜的发展速度。

而为了有效使用可持续增长率，应注意：①目前的财务结构应是合理的或者是最佳的；②销售增长率很可能或基本肯定能够实现；③合理安排负债项目内部结构，结合资本供求状况、利率水平变化，灵活运用短期性融资方式，保持负债资金成本稳定；④有效降低产品成本和期间费用，保持用息税前利润计算的销售利润率的稳定。

可持续增长率的基本公式：

可持续增长率 = 权益报酬率 × 收益留存率

由于权益报酬率的重要作用，在实际应用中经常把可持续增长率公式扩展成包括那些影响企业增长率的多个变量的一项表达式。权益报酬率是杜邦等式和可持续增长率公式中的一个共同因素。所以可以把两个等式结合起来。通过这种方式，可得到可持续增长率的扩展公式：

可持续增长率 = 销售净利率 × 资产周转率 × 权益乘数 × 收益留存率 ÷ （1 − 销售净利率 × 资产周转率 × 权益乘数 × 收益留存率）

或：

可持续增长率 = 权益报酬率 × 收益留存率 ÷ （1 − 权益报酬率 × 收益留存率）

从可持续增长率的扩展公式中可以看出，下面 4 个因素对企业持续增长能力有重要影响：

销售净利率。该因素用来度量经营效率对企业增长能力的影响。销售净利率的提高将会增强企业从内部产生现金的能力，从而提高企业增长率。

总资产周转率。该因素用来度量资产使用效率对企业增长能力的影响。企业总资产周转率的提高会增加单位资产所产生的销售收入。这样会减少企业在销售增长时对资产的需求，从而提高企业增长率。

权益乘数。该因素用来度量融资策略对企业增长能力的影响。企业如果在融资策略上加大财务杠杆，提高权益乘数，会使额外的债务融资成为可能，在公司的净利率可以涵盖负债的利息的条件下，会提高企业增长率。

收益留存率。该因素用来度量股利政策对企业增长能力的影响。企业在制定股利政策时，降低股利支付率，会提高收益留存率。这样会增加内部权益资本来源，从而提高企业增长率。

【例5－1】某公司2006年度财务报表主要数据为：收入5000万元，税后利润500万元，股利200万元，留存收益300万元，负债5000万元，负债及股东权益合计为10000万元。假设该公司2007年可以保持2006年的经营效率和财务政策。产品能为市场接受，不变的销售净利率可以涵盖不断增加的利息，不准备发行新股。

则：

可持续增长率＝销售净利率×资产周转率×权益乘数×收益留存率÷（1－销售净利率×资产周转率×权益乘数×收益留存率）＝60%×10%×0.5×2÷（1－60%×10%×0.5×2）＝6.38%

【例5－2】某企业2003年度的财务数据见如下：03年净利润为1200万元，本年留存收益为1180万元，期末总资产为21000万元，期末所有者权益为12000万元，年度实际增长率为66.67%。

则：

可持续增长率＝权益报酬率×收益留存率÷（1－权益报酬率×收益留存率）＝（1200÷12000×1180÷1200）÷（1－1200÷12000×1180÷1200）＝10.90%

2. 财务杠杆系数计算

财务杠杆是指由于债务的存在而导致普通股每股利润变动大于息税前利润变动的杠杆效应。

财务杠杆是企业利用负债来调节权益资本收益的手段。合理运用财务杠杆给企业权益资本带来的额外收益，即财务杠杆利益。由于财务杠杆受多种因素的影响，在获得财务杠杆利益的同时，也伴随着不可估量的财务风险。因此，认真研究财务杠杆并分析影响财务杠杆的各种因素，搞清其作用、性质以及对企业权益资金收益的影响，是合理运用财务杠杆为企业服务的基本前提。

财务杠杆是一个应用很广的概念。在物理学中，利用一根杠杆和一个支点，就能用很小的力量抬起很重的物体。而什么是财务杠杆呢？从西方的理财学到我国目前的财会界对财务杠杆的理解，大体有以下几种观点：

（1）将财务杠杆定义为"企业在制定资本结构决策时对债务筹资的利用"。因而财务杠杆又可称为融资杠杆、资本杠杆或者负债经营。这种定义强调财务杠杆是对负债的一种利用。

（2）认为财务杠杆是指在筹资中适当举债，调整资本结构给企业带来额外收益。如果负债经营使得企业每股利润上升，便称为正财务杠杆；如果使得企业每股利润下降，通常称为负财务杠杆。显而易见，在这种定义中，财务杠杆强调的是通过负债经营而引起的结果。

企业的资金来源有两种：一种是所有者投入的资本，其中，发行普通股，成本高，但没有偿债压力。发行成本较低的是优先股，但优先股股息通常是固定的，不影响公司的利润分配；另一种是借入的债务资本，如短期借款、长期借款以及由商业信用产生的应付账款等。财务杠杆能发挥作用是由于债务资本以及优先股的存在。财务杠杆用来反映息税前利润的变动引起每股盈余的变动程度。

一般来说财务杠杆系数越大，表明财务杠杆作用越大，财务风险也就越大；财务杠杆系数越小，表明财务杠杆作用越小，财务风险也就越小。

财务杠杆系数的计算公式为：

DFL（财务杠杆系数）＝（△EPS÷EPS）÷（△EBIT÷EBIT）
其中：
DFL—财务杠杆系数；△EPS—普通股每股利润变动额；EPS—变动前的普通股每股利润；△EBIT—息税前利润变动额；EBIT—变动前的息税前利润。

为了便于计算，可将上式变换如下：

由 EPS＝（EBIT－I）（1－T）÷N
△EPS＝△EBIT（1－T）÷N
得 DFL＝EBIT÷（EBIT－I）
其中：
I 为利息；T—所得税税率；N—流通在外普通股股数。

在有优先股的条件下，由于优先股股利通常也是固定的，但应以税后利润支付，所以此时公式应改写为：

DFL＝EBIT÷［EBIT－I－PD÷（1－T）］
其中：
PD—优先股股利。

而投资者在应用财务杠杆系数研判个股时，应注意以下两点：

如果 I＝0，则 DFL＝1，表示不存在财务杠杆效应。但并不表明企业没有财务风险。

如果 I 不等于 0，则 DFL 大于 1，表示存在财务杠杆的放大效应。

财务杠杆系数的计算公式稍显复杂，为了帮助读者更好地理解，下面我们将用例子说明其计算过程。

【例 5 - 3】某企业的长期资产总额为 100 万元，债务资本占总资本的 40%，债务资本的利率为 10%，当企业销售额为 80 万元，息税前利润为 20 万元时，财务杠杆系数为多少？

则：

利息 I = 100 × 40% × 10% = 4（万元）

息税前利润 EBIT = 20（万元）

财务杠杆系数 DFL = EBIT ÷（EBIT − I）= 20 ÷（20 − 4）= 1.25

【例 5 - 4】已知某企业平均每年的息税前利润为 30 万元，每年利息支出为 10 万元，该企业的财务杠杆系数为：

套用财务杠杆系数 DFL = EBIT ÷（EBIT − I）

DFL = 30 ÷（30 − 10）= 1.5

3. 经营杠杆系数计算

经营杠杆系数（DOL），也称营业杠杆系数或营业杠杆程度，是指息税前利润（EBIT）的变动率相当于销售额变动率的倍数。在其他因素不变的情况下，固定的生产经营成本的存在导致企业经营杠杆作用，而且固定成本越高，经营杠杆系数越大，经营风险越大。如果固定成本为零，经营杠杆系数等于1。通常，经营杠杆系数大于1 。

经营杠杆系数（DOL）的计算公式为：

经营杠杆系数 =（销售收入－变动成本）÷（销售收入－变动成本－固定成本）

其中，由于：

息税前利润（EBIT）＝销售收入－变动成本－固定成本

因此又有：

经营杠杆系数（DOL）＝（息税前利润 EBIT＋固定成本）÷息税前利润 EBIT

$$DOL =（\triangle EBIT÷EBIT）÷（\triangle Q÷Q）$$

其中：

DOL—经营杠杆系数；△EBIT—息税前盈余变动额；EBIT—变动前息前税前盈余；△Q—销售变动量；Q—变动前销售量。

为了反映经营杠杆的作用程度、估计经营杠杆利益的大小、评价经营风险的高低，必须要测算经营杠杆系数。一般而言，经营杠杆系数越大，对经营杠杆利益的影响越强，经营风险也越大。

（1）在固定成本不变的情况下，经营杠杆系数说明了销售额增长（或减少）所引起的营业利润增长（或减少）的幅度。

（2）在固定成本不变的情况下，销售额越大，经营杠杆系数越小，经营风险也就越小；反之，销售额越小，经营杠杆系数越大，经营风险也就越大。

（3）在销售额处于盈亏临界点前的阶段，经营杠杆系数随销售额的增加而递增；在销售额处于盈亏临界点后的阶段，经营杠杆系数随销售额的增加而递减；当销售额达到盈亏临界点时，经营杠杆系数趋近于无穷大，此时经营风险趋近于无穷大。

（4）在销售收入一定的情况下，影响经营杠杆的因素主要是固定成本和变动成本的金额。固定成本加大或变动成本变小都会引起经营杠杆系数增加。这些研究结果说明，在固定成本一定的情况下，公司应采取多种方式增加销售额，这样利润就会以经营杠杆系数的倍数增加，从而赢得"正杠杆利益"。否则，一旦销售额减少时，利润会下降得更快，形成"负杠杆利益"。

对企业来说，在市场繁荣业务增长很快时，企业可通过增加固定成本投入或减少变动成本支出来提高经营杠杆系数，以充分发挥正杠杆利益用途。

在市场衰退业务不振时，企业应尽量压缩开发费用、广告费用、市场营销费、职工培训费等酌量性固定成本的开支，以减少固定成本的比重，降低经营杠杆系数，降低经营风险，避免负杠杆利益。

【例5-5】某公司资本总额2500万元，负债比率为45%，利率为14%，该公司销售额为320万元，固定资本48万元，变本成本率为60%，则该公司的经营杠杆系数和财务杠杆系数分别为：

利息 $=2500 \times 45\% \times 14\% = 157.5$ （万元）

变动成本 $=320 \times 60\% = 192$ （万元）

边际贡献 = 320 – 192 = 128（万元）（边际贡献 = 销售收入 – 变动成本）

息税前利润 = 128 – 48 = 80（万元）

经营杠杆系数 = 边际贡献 ÷ 息税前利润 = 128 ÷ 80 = 1.6

财务杠杆系数 = 息税前利润 ÷（息税前利润 – 利息）= 80 ÷（80 – 157.5）
= 1.03

【例5 – 6】某企业生产产品，固定成本70万元，变动成本率40%，当企业的销售额分别为420万元、210万元万元时，该企业经营杠杆系数为：

当销售额为420万元时：

DOL =（420 – 420 × 40%）÷（420 – 420 × 40% – 70）= 1.38

当销售额为250万元时：

DOL =（250 – 250 × 40%）÷（250 – 250 × 40% – 70）= 1.88

由计算可知：

在变动成本率不变的情况下，DOL说明了销售额上升下降所引起利润变动的幅度。

在变动成本率不变的情况下，DOL说明了销售额上升导致DOL下降，这种情况下经营风险越小。

经营杠杆系数、固定成本和经营风险三者呈同方向变化，即在其他因素一定的情况下，固定成本越高，经营杠杆系数越大，企业经营风险也就越大。

4. 复合杠杆系数计算

复合杠杆是指由于固定成本和固定财务费用的共同存在而导致的每股利润变动率大于产销量变动率的杠杆效应。

对复合杠杆计量的主要指标是复合杠杆系数或复合杠杆度。复合杠杆系数是指普通股每股利润变动率相当于业务量变动率的倍数。

其计算公式为：

复合杠杆系数 = 普通股每股利润变动率 ÷ 产销业务量变动率

或：

复合杠杆系数 = 经营杠杆系数 × 财务杠杆系数

复合杠杆系数可以用来衡量企业风险。由于复合杠杆作用使普通股每股利润大幅度波动而造成的风险，称为复合风险。复合风险直接反映企业的整体风险。在其他因素不变的情况下，复合杠杆系数越大，复合风险越大；复合杠杆系数越小，复合风险越小。通过计算分析复合杠杆系数及普通股每股利润的标准离差和标准离差率可以揭示复合杠杆与复合风险的内在联系。

总结起来，复合杠杆系数的要点如下：

由于复合杠杆作用使每股利润大幅度波动而造成的风险，成为复合风险。

复合风险直接反映企业的整体风险。

在其他因素不变的情况下，复合杠杆系数越大，复合风险越大；复合杠杆系数越小，复合风险越小。

复合杠杆的作用大于经营杠杆与财务杠杆的单独影响作用。

经营杠杆与财务杠杆可以有多种组合。

一般情况下，企业将复合杠杆即总风险控制在一定的范围内。经营风险较高的企业只能在较低的财务风险的程度上使用财务杠杆。

【例5-7】某公司全年销售额200000元，税后净利24000元。其他如下：①财务杠杆系数为1.5，固定营业成本为48000元；②所得税率40%；③全年普通股股利为30000元。

根据题意可推导：

EBIT = 24000 ÷ （1 - 0.4） + I = EBIT

EBIT ÷ EBIT - I = 1.5

得出 EBIT = 60000 （元）

边际贡献 M = EBIT + A = 60000 + 48000 = 108000 （元）

经营杠杆系数 = 108000 ÷ 60000 = 1.8

则：

复合杠杆系数 = 1.5 × 1.8 = 2.7

【例5-8】某公司2001年营业额为300万元，息税前利润为100万元，固定成本为50万元，变动成本率为50%，资本总额为200万元，债务资本比率为30%，利息率为15%。

由已知题意得出：

①边际贡献 = 300 - 300 × 50% = = 150 （万元）

如果题目已知产销量和单位边际贡献，

M = px - bx = （p - b） x = m · x

其中：

M—边际贡献；p—销售单价；b—单位变动成本；x—产量；m—单位边际贡献。

②息税前利润＝边际贡献－固定成本＝150－50＝100（万元）

$$EBIT = M - a$$

其中：

EBIT—息税前利润；a—固定成本。

则：

营业杠杆系数＝息税前利润变动率÷产销业务量变动率

＝边际贡献÷息税前利润＝150÷100＝1.5

由资本总额为200万元，债务资本比率为30%，利息率为15%得出：

利息＝200×30%×15%＝9（万元）

财务杠杆系数＝EBIT÷（EBIT－I）＝EBIT÷（EBIT－I）

＝100÷（100－9）＝1.0989

则：

复合杠杆系数＝营业杠杆系数×财务杠杆系数

＝1.5×1.0989＝1.648

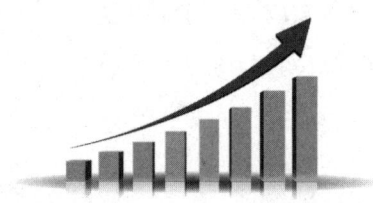

5. 权益乘数计算

权益乘数又叫做股本乘数，是指资产总额相当于股东权益的倍数。该乘数越大，说明股东投入的资本在资产中所占比重越小。它用来衡量企业的财务风险。

权益乘数较大，表明企业负债较多，一般会导致企业财务杠杆率较高，财务风险较大，在企业管理中就必须寻求一个最优资本结构，以获取适当的EPS/CEPS，从而实现企业价值最大化。例如在借入资本成本率小于企业的资产报酬单时，借入资金首先会产生避税效应（债务利息税前扣除），提高 EPS/CEPS，同时杠杆扩大，使企业价值随债务增加而增加。但杠杆扩大也使企业的破产可能性上升，而破产风险又会使企业价值下降等。

权益乘数代表公司所有可供运用的总资产是业主权益的几倍。权益乘数越大，代表公司向外融资的财务杠杆倍数也越大，公司将承担较大的风险。但是，若公司营运状况刚好处于向上趋势中，较高的权益乘数反而可以创造更高的公司获利，透过提高公司的股东权益报酬率，对公司的股票价值也会产生正面激励效果。

权益乘数的计算公式为：

权益乘数＝资产总额÷股东权益总额

即：

权益乘数＝1÷（1－资产负债率）

【例 5 - 9】某公司 2004 年年末资产总额为 16 000 万元，资产负债率为 60%；2004 年度实现净利润 800 万元。若 2005 年该公司的资产规模和净利润水平不变，净资产收益率（按照年末数计算）比 2004 年提高 4 个百分点，则该公司 2005 年年末的权益乘数为：

净资产收益率 $= 800 \div [16\,000 \times (1 - 60\%)] \times 100\% = 12.5\%$

净资产收益率 $= 12.5\% + 4\% = 16.5\%$

所有者权益 $= 800 \div 16.5\% = 4\,848.48$（万元）

权益乘数 $= 16\,000 \div 4\,848.48 = 3.3$

6. 经济附加值计算

经济附加值（EVA），又称经济利润、经济增加值，是一定时期的企业税后营业净利润（NOPAT）与投入资本的资金成本的差额。

经济附加值是基于税后营业净利润和产生这些利润所需资本投入总成本的一种企业绩效财务评价方法。公司每年创造的经济增加值等于税后净营业利润与全部资本成本之间的差额。其中资本成本包括债务资本的成本，也包括股本资本的成本。

从算术角度说，EVA 等于税后经营利润减去债务和股本成本，是所有成本被扣除后的剩余收入，是表示净营运利润与投资者用同样资本投资其他风险相近的有价证券的最低回报相比，超出或低于后者的量值。

如果EVA的值为正，则表明公司获得的收益高于为获得此项收益而投入的资本成本，即公司为股东创造了新价值；相反，如果EVA的值为负，则表明股东的财富在减少。

资本费用是EVA最突出最重要的一个方面。在传统的会计利润条件下，大多数公司都在盈利。但是，许多公司实际上是在损害股东财富，因为所得利润是小于全部资本成本的。EVA纠正了这个错误，并明确指出，管理人员在运用资本时，必须为资本付费，就像付工资一样。考虑到包括净资产在内的所有资本的成本，EVA显示了一个企业在每个报表时期创造或损害了的财富价值量。换句话说，EVA是股东定义的利润。假设股东希望得到10%的投资回报率，他们认为只有当他们所分享的税后营运利润超出10%的资本金的时候，他们才是在"赚钱"。在此之前的任何事情，都只是为达到企业风险投资的可接受报酬的最低量而努力。

经济附加值（EVA）的计算公式：

EVA = 税后净营业利润（NOPAT） - ［（加权平均资本成本）WACC ×（投资资本总额）TC］

其中，

税后净营业利润（NOPAT）= 营业利润 + 财务费用 + 投资收益 - EVA 税收调整

或者：

税后净营业利润 = 销售额 - 营运费用 - 税收

或者：

税后净营业利润 = 营运收入 ×（1 - 所得税率）

经过拓展后可得公式：

税后净营业利润 = 息税前利润（EBIT）×（1 - 所得税率）+ 递延税款的增加

税收调整（EVA）= 利润表上所得税 + 税率 ×（财务费用 + 营业外支出 - 营业外收入）

加权平均资本成本（WACC）= 债务资本成本率 ×（债务资本市值÷总市值）×（1-税率）+股本资本成本率 ×（股本资本市值÷总市值）

【例 5 – 10】某公司的利息率为 10%，所得税率为 30%，权益资本预期回报率为 20%，负债比例为 40%，平均投入资本为 6000 万元，息税前利润 EBIT 为 1200 万元，则该公司的 EVA 为：

税后营业利润 $=1200 \times （1-30\%）= 840 （万元）$

加权平均资本成本率 $= 10\% \times （1-30\%）\times 40\% + 20\% \times 40\%$
$$= 10.80\%$$

EVA $=840 - 6000 \times 10.80\% = 192 （万元）$

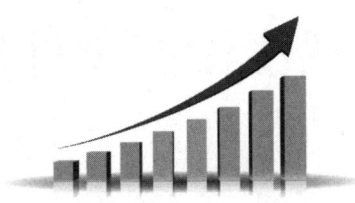

第六章 短期偿债能力计算公式

1. 营运资本计算

营运资本的概念有狭义和广义的解释。广义营运资本的意义就是企业的流动资产总额，这个概念主要在研究企业资产的流动性和周转状况时使用。狭义的营运资本是指企业的流动资产总额减去各类流动负债后的余额，也称净营运资本。由于净营运资本被视为可作为企业非流动资产投资和用于清偿非流动负债的资金来源，所以，狭义的流动资本概念主要在研究企业的偿债能力和财务风险时使用。因此，企业营运资本的持有状况和管理水平直接关系到企业的盈利能力和财务风险两个方面。

广义营运资本是一个具体的概念，它包括了企业的流动资产总额，是由企业一定时期内持有的现金和有价证券、应收和预付账款及各类存货资产等所构成的。相对而言，狭义营运资本是一个抽象概念，它只是企业一定时期流动资产与流动负债之间的差额，并不特指某项资产，而此差额的确定，完全要视企业一定时期的经营和财务状况而定，它是判断和分析企业资金运作状况和财务风险程度的重要依据。

在这里我们要重点叙述的是净营运资本。净营运资本的计算公式：

$$净营运资本 = 流动资产 - 流动负债$$

由于净营运资本被视为可作为企业非流动资产投资和用于清偿非流动负债

的资金来源，所以，净营运资本主要在研究企业的偿债能力和财务风险时使用。

企业的净营运资本状况对于企业内部管理非常重要，也是一个被广泛用于计量企业财务风险的指标，会影响企业的负债筹资能力。适当的净营运资本水平取决于企业现金流入量和现金流出量之间的适应程度。

净营运资本可测量企业资金的流动性。企业到期的债务要由流动资产变现来支付，从这个意义上说，流动资产是企业的现金来源，而流动负债是企业的现金支出。

从筹资的角度看，净营运资本是由企业的长期资金筹得的。由于长期资本成本大于流动负债的资本成本，企业的净营运资本增大将加大企业的总资本成本，减少企业的利润。但净营运资本的加大可使企业用长期资金来支持流动资产，有利于短期负债的及时偿付，减少企业无力支付债务的可能性，从而降低了企业的风险，增加了流动性。

【例6－1】某公司在2005年12月31日的营运资本情况如下：公司的现金与银行存款270万元，短期投资50万元，应收款为60万元，存货为500万元；短期借款为400万元，应付款为100万元，应付税金为20万元。

则该公司的毛营运资本等于该公司的流动资产总额，为270＋50＋60＋500＝880（万元）。

净营运资本＝流动资产－流动负债净额＝880－520＝360（万元）

2. 流动比率计算

流动比率也称营运资金比率或真实比率，是指企业流动资产与流动负债的比率，用来衡量企业流动资产在短期债务到期以前，可以变为现金用于偿还负债的能力。

流动比率能够反映短期偿债才能。公司能否偿还短期债务，要看有多少债务，以及有多少能够变现偿债的资产。流动资产越多，短期债务越少，则偿债才能越强。如果用流动资产偿还全部流动负债，公司剩余的是营运资金（流动资产－流动负债＝营运资金）。营运资金越多，说明不能偿还的风险越小。因此，营运资金的多少能够反映偿还短期债务的才能。

但是，营运资金是流动资产与流动负债之差，是个绝对数，如果公司之间规模相差很大，绝对数相比的意义很有限。而流动比率是流动资产和流动负债的比值，是个相对数，排除了公司规模不同的影响，更适合公司间以及本公司不同历史时期的比较。这种比较一般并不能说明流动比率为什么这么高或这么低，要找出过高或过低的原因还必须分析流动资产与流动负债所包括的内容以及经营上的因素。一般情况下，营业周期、流动资产的应收账款数额和存货的周转效率是影响流动比率的主要因素。

流动比率高的企业并不一定偿还短期债务的能力就很强，因为流动资产之中虽然现金、有价证券、应收账款变现能力很强，但是存货、待摊费用等也属于流动资产的项目则变现时间较长，特别是存货很可能发生积压、滞销、残次等情况，流动性较差。

一般认为流动比率不宜过高也不宜过低，应维持在2：1左右，因而也称之为2与1比率。过高的流动比率，说明企业有较多的资金滞留在流动资产上未加以更好地运用，如出现存货超储积压，存在大量应收账款，拥有过分充裕的现金等，资金周转可能减慢从而影响其获利能力。有时，尽管企业现金流量出现红字，但是企业可能仍然拥有一个较高的流动比率。

需要记住的一点是，流动比率法对现金收、付的时间不作考虑。

流动比率的计算公式为：

$$流动比率 = 流动资产 \div 流动负债 \times 100\%$$

从该指标的计算可见，流动比率越高，说明资产的流动性越大，短期偿债能力越强。不过，由于各行业的经营性质不同，对资产的流动性的要求也不同。例如，商业零售企业所需的流动资产，往往要高于制造企业，因为前者需要在存货方面投入较大的资金。另外，企业的经营和理财方式也影响流动比率。

【例6-2】某企业的全部流动资产为600 000元，流动比率为1.5。该公司刚完成以下两项交易：①购入商品160 000元以备销售，其中的80000元为赊购了；②购置运输车辆一部，价值50 000元，其中30 000元以银行存款支付，其余开出3月期应付票据一张。

则：

该企业原有流动资产 = 600000（元）
流动负债 = 流动资产 ÷ 流动比率 = 600 000 ÷ 1.5 = 400000（元）

①借：库存商品 160 000
贷：应付账款 80 000
贷：银行存款 80 000
增加流动资产 =（库存商品 - 银行存款）= 160 000 - 80 000 = 80 000（元）；
增加流动负债（应付账款）= 80 000 元
②借：固定资产 50 000
贷：银行存款 30 000

贷：应付票据 20 000

减少流动资产（银行存款）30 000 元；

增加流动负债（应付票据）20 000 元。

故上 2 项交易发生后：

流动资产 = 600 000 + 80 000 − 30 000 = 650 000（元）

流动负债 = 400 000 + 80 000 + 20 000 = 500 000（元）

流动比率 = 流动资产 ÷ 流动负债 = 650 000 ÷ 500 000 = 1.3

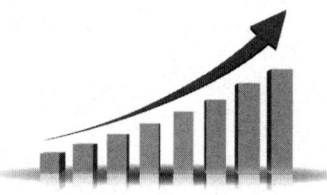

3. 速动比率计算

速动比率是指速动资产对流动负债的比率。它是衡量企业流动资产中可以立即变现用于偿还流动负债的能力。速动资产包括货币资金、短期投资、应收票据、应收账款、其他应收款项等。而流动资产中存货、预付账款、待摊费用等则不应计入。

速动比率是判断公司短期偿债能力的重要指标之一。上市公司资产的安全性应包括两个方面的内容：一是有相对稳定的现金流和流动资产比率；二是短期流动性比较强，不至于影响盈利的稳定性。因此在分析上市公司资产的安全性时，应该从以下两方面入手：

首先，上市公司资产的流动性越大，上市公司资产的安全性就越大。假如一个上市公司有500万元的资产，第一种情况是，资产全部为设备；另一种情况是70%的资产为实物资产，其他为各类金融资产。假想，有一天该公司资金发生周转困难，公司的资产中急需有一部分去兑现偿债时，哪一种情况更能迅速实现兑现呢？理所当然的是后一种情况。因为流动资产比固定资产的流动性大，而更重要的是有价证券便于到证券市场上出售，各种票据也容易到贴现市场上去贴现。许多公司倒闭，问题往往不在于公司资产额太小，而在于资金周转不过来，不能及时清偿债务。因此，资产的流动性就带来了资产的安全性问题。

在流动性资产额与短期需要偿还的债务额之间，要有一个最低的比率。如果达不到这个比率，那么，或者是增加流动资产额，或者是减少短期内需要偿还的债务额。这个比率称为流动比率。流动比率是指流动资产和流动负债的比率，它是衡量企业的流动资产在其短期债务到期前可以变现用于偿还流动负债的能力，表明企业每一元流动负债有多少流动资产作为支付的保障。流动比率是评价企业偿债能力较为常用的比率。它可以衡量企业短期偿债能力的大小，它要求企业的流动资产在清偿完流动负债以后，还有余力来应付日常经营活动中的其他资金需要。根据一般经验判定，流动比率应在 200% 以上，这样才能保证公司既有较强的偿债能力，又能保证公司生产经营顺利进行。在运用流动比率评价上市公司财务状况时，应注意到各行业的经营性质不同，营业周期不同，对资产流动性要求也不一样，因此 200% 的流动比率标准，并不是绝对的。

其次，是流动性的资产中有两种资产形态，一种是存货，如原材料、半成品等实物资产；另一种是速动资产。如上面讲到的证券等金融资产。显而易见，速动资产比存货更容易兑现，它的比重越大，资产流动性就越大。所以，拿速动资产与短期需偿还的债务额相比，就是速动比率。速动比率代表企业以速动资产偿还流动负债的综合能力。一般情况下，把两者确定为 1：1 是比较讲得通的。因为一份债务有一份速动资产来做保证，就不会发生问题。合适的速动比率可以保障公司在偿还债务的同时不会影响生产经营。

速动比率的计算公式为：

$$速动比率 = 速动资产 \div 流动负债$$

其中：

$$速动资产 = 流动资产 - 存货$$

或：

$$速动资产 = 流动资产 - 存货 - 预付账款 - 待摊费用$$

【例 6 - 3】某公司年初的流动资产为 6127100 元，存货为 3870000 元，流动负债为 2977100 元；年末的流动资产为 574751 元，存货为 3862050 元，流动负债为 1644390 元。则速动比率为：

年初速动比率：

$$(6127100 - 3870000) \div 2977100 = 0.76$$

年末速动比率：

（5571751－3862050）　÷1644390＝1.04

　　我们再把流动比率和速动比率的对比一下。这两项指标都是从静态分析的角度反映了企业短期的偿债能力。对于企业经营者来说，分析企业短期偿债能力是非常重要的。因为企业只有具备足够的流动资产来偿还债务，才能够保证债权人的资金安全，使企业的信贷管理步入良性循环的轨道。企业的投资者则可以通过这些指标来识别企业财务状况的好坏，进一步判断企业在市场中具有的竞争力和可持续发展能力。当然，在使用该指标时还要注意，速动比率和流动比率只是反映企业某一时点的状态，孤立地分析静态指标，会片面理解企业财务状况，影响对企业短期偿债能力的正确评价。分析企业短期偿债能力同时还应结合其他相关因素综合分析，如非筹资性现金流入与流动负债的比率、利息支付倍数等。

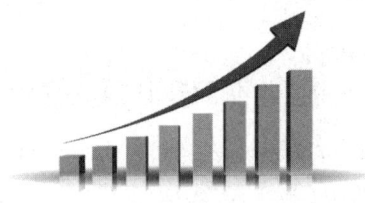

4. 保守速动比率计算

保守速动比率又称超速动比率，是现金、短期证券投资和应收账款净额三项之和，再除以流动负债的比值。

它是由于行业之间的差别，在计算速动比率时除扣除存货以外，还可以从流动资产中去掉其他一些可能与当期现金流量无关的项目（如待摊费用等）而采用的一个财务指标。超速动比率即用企业的超速动资产（货币资金、短期证券、应收账款净额）来反映和衡量企业变现能力的强弱，评价企业短期偿债能力的大小。

保守速动比率的计算公式是：

$$保守速动比率 = （现金 + 短期证券 + 应收账款净额）÷流动负债 \times 100\%$$

其中，应收账款净额是指应收账款和其他应收款减去备抵坏账的净额，实质即为信誉高客户的应收款净额。

由于超速动比率的计算，除了扣除存货以外，还从流动资产中去掉其他一些可能与当前现金流量无关的项目（如待摊费用）和影响速动比率可信性的重要因素项目办信誉不高客户的应收款净额），因此，能够更好地评价企业变现能力的强弱和偿债能力的大小。

【例 6 -4】某公司 2003 年年底有现金 3600 元，银行存款为 1500，000，短期债务投资 30000，其中短期投资跌价准备为 840 元。应付票据 90000，应交税金 60000，预提费用 1000000 元；公司应收账款 210000，其中坏账准备为 12000 元，则该公司的保守速动比率为：

保守速动资产 $= 3600 + 1500000 + 30000 - 840 + 210000 - 12000 = 1730760$ （元）

流动负债 $= 90000 + 60000 + 1000000 = 1150000$ （元）

保守速动比率 $= 1730760 \div 1150000 = 1.51$

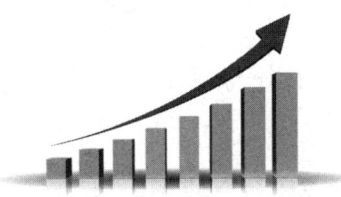

5. 现金比率计算

现金比率也被称之为流动资产比率或现金资产比率。现金比率是速动资产扣除应收账款后计算出来的金额，它最能反映企业直接偿付流动负债的能力。这里所说的现金，是指现金及现金等价物。

一般来说，决定现金比率高低的因素主要有：

国民收入。随着国民收入水平的提高，充当交易媒介的现金数量增加，在其他条件不变时，现金比率同国民收入水平成正比。

货币流通速度。当其他条件不变时，货币流通速度与现金比率呈反方向变动。

持有现金的成本。它指持有现金损失的利息收入。持有现金的成本越高，现金比率就越低，两者反方向变动。

城市化和货币化程度。随着城市化程度提高，现金比率下降，而货币化程度往往使现金比率有上升趋势。

金融机构的发达程度。金融机构越发达，现金比率越低。

计算现金比率对于分析企业的短期偿债能力具有十分重要的意义。因为流动负债期限很短（不超过1年），很快就需要现金来偿还。如果企业没有一定的现金储备，等到债务到期时，临时筹资来偿还债务就容易出问题。

站在债权人的立场上，现金比率越高越好。如果现金比率达到或超过1，即经营活动产生的现金余额等于或大于流动负债总额，企业即使不动用其他资产（如存货、应收账款等），只用现金就足以偿还流动负债。

站在企业的立场上，现金比率并不是越高越好。过高就意味着企业流动负债未能得到合理运用，而现金类资产获利能力低，这类资产金额太高会导致企业机会成本增加。因为资产的流动性（即其变现能力）和其盈利能力成反比，流动性越差的盈利能力反而越强。在企业所有资产中，现金是流动性最好的资产，同时也是盈利能力最差的资产。因此保持过高的现金比率，对企业来讲不一定是好事，只要能证明企业具有一定的偿债能力，不会发生债务危机即可。一般情况下，现金比率在40%到80%之间的公司都是经营稳定、资金运转良好的公司。

现金比率的计算公式：

现金比率 =（现金 + 有价证券）÷ 流动负债 × 100%

这个公式反映出公司在不依靠存货销售及应收款的情况下，支付当前债务的能力。另外，运用此公式时需要注意，现金比率不考虑现金收到以及现金支付的时间。

【例6－5】某公司2001年末有现金120000元，银行存款320000元，公司短期借款50000元，应付账款1028000元，税金46400元。

则：

货币余额 = 120000 + 320000 = 440000（元）
流动负债 = 50000 + 1028000 + 46400 = 1124400（元）
现金比率 = 440000 ÷ 1124400 × 100% = 39%

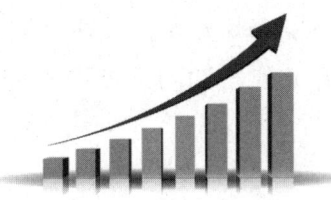

6. 债务保障率计算

债务保障率是以年度经营活动所产生的现金净流量与全部债务总额相比较，表明企业现金流量对其全部债务偿还的满足程度。

现金流量与负债总额之比的数值也是越高越好。该比率越高，企业承担债务总额的能力越强。它是债权人所关心的一种现金流量分析指标。债务保障比率与经营活动净现金比率的差别在于，后者可能为短期债权人所重视，而前者则会更为长期债权人所关注。

债务保障率计算公式为：

债务保障率 = 经营活动现金净流量 ÷（流动负债 + 长期负债）×100%

这个公式中的经营活动产生的现金流量净额应不包括非重复性发生项目在内的净现金流量。所谓非重复性发生事项，就是指那些性质不寻常或不经常发生的事项。为了消除此种特殊事项对经营活动产生的净现金流量的影响，建议采用五个年度的数额。

【例6-6】某公司年度经营活动现金流量净额为988万元，资产负债表和利润表有关资料为：流动负债1896万元，长期负债4350万元，主营业务收入9000万元，总资产70200万元，当期固定资产投资额为536万元，存货增加200万元（其他经营性流动项目不变）。

则该公司债务保障率为：988 ÷（1896 + 4350）×100% = 16%

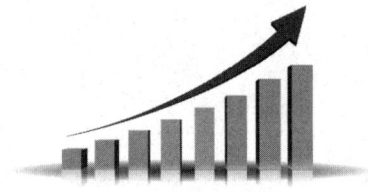

第七章 长期偿债能力计算公式

1. 资产负债率计算

资产负债率又称为负债比率，是指企业负债总额对资产总额的比率。它用来衡量企业利用债权人提供资金进行经营活动的能力，资产负债率反映在总资产中有多大比例是通过借债来筹资的，因此也可以衡量企业在清算时保护债权人利益的程度。

从财务学的角度来说，一般认为我国理想化的资产负债率是40%左右.上市公司略微偏高些，但上市公司资产负债率一般也不超过50%。当资产负债率大于100%，表明公司已经资不抵债，对于债权人来说风险非常大。

但这并不是绝对的，要判断资产负债率是否合理，首先要看所站的立场。

从债权人的立场看：他们最关心的是贷给企业的款项的安全程度，也就是能否按期收回本金和利息。如果股东提供的资本与企业资本总额相比，只占较小的比例，则企业的风险将主要由债权人负担，这对债权人来讲是不利的。因此，他们希望债务比例越低越好，企业偿债有保证，则贷款给企业不会有太大的风险。

从股东的角度看，由于企业通过举债筹措的资金与股东提供的资金在经营中发挥同样的作用，所以，股东所关心的是全部资本利润率是否超过借入款项的利率，即借入资本的代价。在企业所得的全部资本利润率超过因借款而支付的利息率时，股东所得到的利润就会加大。如果相反，运用全部资本所得的利润率低于借款利息率，则对股东不利，因为借入资本的多余的利息要用股东所得的利润份额来弥补。因此，从股东的立场看，在全部资本利润率高于借款利息率时，负债比例越大越好，否则反之。

企业股东常常采用举债经营的方式，以有限的资本、付出有限的代价而取得对企业的控制权，并且可以得到举债经营的杠杆利益。

从经营者的立场看，如果举债很大，超出债权人心理承受程度，企业就借不到钱。如果企业不举债，或负债比例很小，说明企业畏缩不前，对前途信心不足，利用债权人资本进行经营活动的能力很差。从财务管理的角度来看，企业应当审时度势，全面考虑，在利用资产负债率制定借入资本决策时，必须充分估计预期的利润和增加的风险，在两者之间权衡利害得失，作出正确决策。

资产债务率计算公式为：

资产负债率 ＝ 负债总额 ÷ 资产总额 × 100%

【例 7 - 1】某公司的负债为 20580 万元。总资产净额为 43279 万元。其资产负债率为

20580 ÷ 43279 × 100% = 47.55%，即百元资产中，有 47.55 元是经举债取得的。

【例 7 - 2】某企业资产总额 31000 万元，净资产 16700 万元，应收账款 5000 万元；短期借款 5000 万元应付账款 2500 万元；主营业务收入 100000 万元，净利润 3000 万元。

则：

资产负债率 ＝（负债总额 ÷ 资产总额）× 100%
　　　　　 ＝（31000 - 16700）÷ 31000 × 100%
　　　　　 ＝46%

2. 产权比率计算

产权比率是负债总额与所有者权益总额的比率，是指股份制企业股东权益总额与企业资产总额的比率，产权比率是衡量企业长期偿债能力的指标之一。它是企业财务结构稳健与否的重要标志。产权比率越高，说明企业偿还长期债务的能力越弱；产权比率越低，说明企业偿还长期债务的能力越强。一般来说，产权比率可反映股东所持股权是否过多，或者是尚不够充分等情况，从另一个侧面表明企业借款经营的程度。

产权比率不仅反映了由债务人提供的资本与所有者提供的资本的相对关系，而且反映了企业自有资金偿还全部债务的能力，因此它又是衡量企业负债经营是否安全有利的重要指标。

一般来说，产权比率越低，表明企业长期偿债能力越强，债权人权益保障程度越高，承担的风险越小，一般认为这一比率为 1：1，即 100% 以下时，应该是有偿债能力的，但还应该结合企业的具体情况加以分析。当企业的资产收益率大于负债成本率时，负债经营有利于提高资金收益率，获得额外的利润，这时的产权比率可适当高些。一句话，产权比率高，是高风险、高报酬的财务结构；产权比率低，是低风险、低报酬的财务结构。

产权比率的计算公式：

产权比率 = 负债总额 ÷ 所有者权益总额 × 100%

【例 7 - 3】某公司 2006 年年初的负债总额 510 万元，股东权益是负债总额的 2.5 倍，年资本积累率 50%，2004 年年末的资产负债率 40%。2006 年该公司的固定成本总额 170 万元，实现净利润 300 万元，所得税率 33%。2006 年末的股份总数为600万股，假设普通股股数在2006年和2007年年度内未发生变化，企业没有优先股，2006年末的普通股市价为5元/股。

年初的股东权益总额 = 510×2.5 = 1275（万元）

年初的资产负债率 = 510÷（510 + 1275）×100% = 29%

年末的股东权益总额 = 1275 + 1275×50% = 1912.5（万元）

负债总额 = 1200（万元）

产权比率 = 1200÷1912.5×100% = 63%

【例7-4】某企业年末的资产总额为65000万元，负债总额为33000万元。该年度发生如下业务：取得收入共计37600万元，发生费用共计20500万元。

则：

资产总额 = 负债 + 所有者权益

期初所有者权益 = 资产 - 负债 = 65000 - 33000 = 32000（万元）

本期利润 = 本期收入 - 本期成本费用支出 = 37600 - 20500 = 17100（万元）

所以，该企业的所有者权益总额 = 32000 + 17100 = 49100（万元）

产权比率 = 负债总额 ÷ 所有者权益总额 × 100% = 33000 ÷ 49100 × 100% = 67%

3. 有形净值债务率计算

有形净值债务率是企业负债总额与有形净值的百分比。有形净值是所有者权益减去无形资产净值后的净值，即所有者具有所有权的有形资产净值。有形净值债务率用于揭示企业的长期偿债能力，表明债权人在企业破产时的被保护程度。

有形净值债务率主要是用于衡量企业的风险程度和对债务的偿还能力。这个指标越大，表明风险越大；反之，则越小。同理，该指标越小，表明企业长期偿债能力越强，反之，则越弱。

有形净值债务率计算公式如下：

有形净值债务率 = ［负债总额 ÷（股东权益 − 无形资产净值）］ ×100%

无形资产包括商誉、商标、专利权以及非专利技术等。由于这些无形资产都不一定能用来还债，为谨慎起见，一律视其为不能偿还债务的资产而将其从股东权益中扣除，这样有利于更切实际地衡量公司的偿债能力。

对有形净值债务率的分析，可以从以下几个方面进行：

第一，有形净值债务率揭示了负债总额与有形资产净值之间的关系，能够计量债权人在企业处于破产清算时能获得多少有形财产保障。从长期偿债能力来讲，指标越低越好。

第二，有形净值债务率指标最大的特点是在可用于偿还债务的净资产中扣除了无形资产，这主要是由于无形资产的计量缺乏可靠的基础，不可能作为偿还债务的资源。

第三，有形净值债务率指标的分析与产权比率分析相同，负债总额与有形资产净值应维持1∶1的比例。

第四，在使用产权比率时，必须结合有形净值债务率指标，做进一步分析。

有形净值债务率指标实质上是产权比率指标的延伸，是更为谨慎、保守地反映在企业清算时债权人投入的资本受到股东权益的保障程度。从长期偿债能力来讲，比率越低越好。

有形净值债务率的计算公式

【例7-5】某企业2000年年末无形资产净值为197000元，负债总额为16940000元，所有者权益总额为32800000元。

则有形净值债务率为：有形净值债务率=［负债总额÷（股东权益-无形资产净值）］×100%=16940000÷（32800000-197000）×100%=52%

4. 利息偿付倍数计算

利息偿付倍数也称为已获利息倍数或利息偿付倍数，是指企业经营业务收益与利息费用的比率。利息偿付倍数表明企业经营业务收益相当于利息费用的多少倍，其数额越大企业的偿债能力越强。

通常，利息偿付倍数至少应该大于1。该比率越高，通常表示企业不能偿付债务利息的可能性就越小，这意味着长期偿债能力也越强。

因为事实上，如果企业在偿付利息费用方面表现良好，企业可能永不需要偿还债务本金。因为当旧债到期时，企业有能力重新筹集到资金。但是，由于非付现成本的存在，短期内指标值偶尔小于1，也不一定就无力偿债。因此，为了考察企业偿付利息能力的稳定性，一般应计算5年或5年以上的利息偿付倍数。保守起见，则应选择5年中最低的利息偿付倍数值作为参照标准。

利息偿付倍数的计算公式为：

利息偿付倍数 = 息税前利润 ÷ 利息费用

或：

利息偿付倍数 = （税前利润 + 利息费用）÷ 利息费用

或：

利息偿付倍数 = （税后利润 + 所得税 + 利息费用）÷ 利息费用

公式中的分子"息税前利润"是指利润表中未扣除利息费用和所得税之前的利润。它可以用"利润总额加利息费用"来测算，也可以用"净利润加所得税、利息费用"来测算。

公式中的分母"利息费用"是指本期发生的全部应付利息，不仅包括计入财务费用的利息费用，还应包括资本化利息。所谓资本化利息是指计入固定资产成本的利息，即企业为购建某项固定资产而借入的专门借款所发生的利息。利息资本化的结果是将利息作为固定资产的增加额，而不是作为费用处理。虽然资本化利息不在利润表中作为费用扣除，但也是企业的一项负债，将来也要偿还。利息偿付倍数就是要衡量企业支付利息的能力，因此，"利息费用"应包括全部利息。比如：为购建固定资产而发行债券的当年利息也是一种应资本化的利息。只要固定资产尚未建造完成，债券的利息就应计入资产负债表的"在建工程"项目，这项利息不反映在利润表中，但与利息费用一样，是企业的应付利息，理应包括在利息费用中。

【例 7 - 6】某公司 2001 年净利润总额为 4453.8 万元，利息费用为 410 万元，另外为建造固定资产借入长期借款的资本化利息 360 万元，所得税率 23%。

则，

利润总额：4453.8 ÷（1 - 23%）= 5784（万元）

所得税：5784 × 23% = 1330（万元）

利息偿付倍数：（4453.8 + 1330 + 360）÷（410 + 360）= 7.98（倍）

【例 7 - 7】某公司 2003 年税后利润 570 万元，利息费用为 96 万元，所得税率为 33%。而 2004 年税后利润 410，利息费用为 117 万元，所得税率为 33%。

则，

税后利润的差额 = 410 - 570 = - 160（万元）

利息支出的差额 = 117 - 96 = 21（万元）

2003 年息税前利润 = 947 （万元）

2004 年息税前利润 = 729 （万元）

差额 = 729 - 947 = -218 （万元）

2003 年利息偿付倍数 = （税前利润 + 利息费用） ÷ 利息费用 = ［570 ÷ (1 - 33%) + 96］ ÷ 96 = 9.86 （倍）

2004 年利息偿付倍数 = （税前利润 + 利息费用） ÷ 利息费用 = ［410 ÷ (1 - 33%) + 117］ ÷ 117 = 6.23 （倍）

在实际应用中，投资者会碰到个别股票利息偿付倍数为负值。说明该公司利息收入大于利息费用支出，或者企业的现金的支出没有经过正常的途径外借，产生一些费用抵销了正常的财务费用，导致这样的问题。利息费用是负数，并不能真正反映企业的偿债能力，因此也就失去了参考价值。

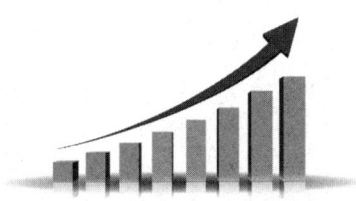

5. 固定支出偿付倍数计算

固定支出偿付倍数是从利润表方面评价企业长期偿债能力的又一指标。固定支出偿付倍数是指企业经营业务收益与固定支出的比率。这是利息偿付倍数的一种扩展，也是一种更为保守的度量方式。

固定支出应包括以下内容：

（1）计入财务费用的利息支出。这部分利息支出是最基本的固定支出。

（2）资本化利息。即计入固定资产成本的利息费用。

（3）经营租赁费中的利息部分。

固定支出偿付倍数的计算公式为：

固定支出偿付倍数 = （税前利润 + 固定支出）÷ 固定支出

公式延展开为：

固定支出偿付倍数 = （息税前利润 + 租赁费中的利息费用）÷ ［利息费用 + 租赁费中的利息费用 + 优先股股息 ÷ （1 – 所得税税率）］

这里的固定支出是指利息费用加上企业发生的、类似于利息费用的固定性费用。该指标数额越大，偿债能力越强。该指标用于考察与负债有关的固定支出和经营业务收益的关系，用于衡量企业用经营业务收益偿付固定支出的能力。

许多经营租赁也是长期性的，长期性的经营租赁也具有长期筹资的特征，所以，租赁费的利息费用事实上也是固定支出。优先股股息也具有同样特征。

一般来说，租赁费用中的利息约占1/3。

　　固定支出偿付倍数计算中究竟应包括哪些固定支出，事实上没有统一的规定，可以像上面公式那样只包括"租赁费中的利息部分"，也可以包括全部租赁费用，乃至包括所有的折旧、折耗及摊销，包括的固定支出越多，该指标就反映得越稳健。

　　【例7-8】某企业息税前利润为677万元，所得税率为33%，利息费用为58万元，经营租赁利息费用为117万，当期优先股股息为9万元。

　　则固定支出偿付倍数为：$(677+117)\div[58+117+9\div(1-33\%)]=4$（倍）

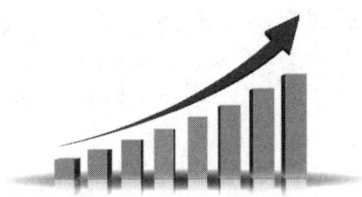

6. 长期债务与营运资本比率计算

长期债务与营运资金比率就是企业的长期债务与营运资金相除所得的比率，是反映公司偿还债务能力的一项指标。长期负债与营运资金比率越低，不仅表明企业的短期偿债能力较强，而且还预示着企业未来偿还长期债务的保障程度也较强。

一般情况下，长期债务不应超过营运资金。长期债务会随时间延续不断转化为流动负债，并需动用流动资产来偿还。保持长期债务不超过营运资金，就不会因这种转化而造成流动资产小于流动负债，从而使长期债权人和短期债权人感到贷款有安全保障。

营运资金 = 流动资产 − 流动负债

有长期负债时，若上述大于长期负债

则有：流动资产 − 流动负债 − 长期负债 > 0

若长期负债变成流动负债

则有：流动资产 − 流动负债 > 0 既营运资金 > 0

若长期负债 > 营运资金

若长期负债变成流动负债

则有：流动资产 − 流动负债 < 0 既营运资金 < 0

当然，企业中流动资产也有变现延迟的风险，可能不能偿还长期负债

但该指标在一定程度上受企业筹资策略的影响，因为，在资产负债比率一定的情况下，流动负债与长期负债的结构安排因筹资策略的改变而不同，保守的做法，是追求财务稳定性，更多地筹措长期负债；而激进的做法，是追求资金成本的节约，更多地用流动负债来筹资。

长期债务与营运资金比率的计算公式为：

长期债务与营运资金比率 = 长期负债 ÷（流动资产 − 流动负债）×100%

【例 7 - 9】某公司 2002 年末有现金 73 万元，银行存款 470 万元，应收票据 295 万元，流动负债 40 万元，长期负债 260 万元。

则长期债务与营运资金比率为：260 ÷（73 + 470 + 295 − 40）×100% = 33%

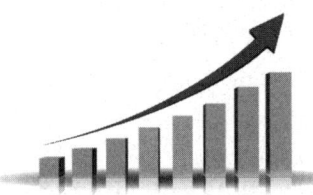

第八章　资产运用效率计算公式

1. 总资产周转率计算

总资产周转率是指企业在一定时期主营业务收入净额同平均资产总额的比率。总资产周转率是综合评价企业全部资产经营质量和利用效率的重要指标。

总资产周转率是考察企业资产运营效率的一项重要指标，体现了企业经营期间全部资产从投入到产出的流转速度，反映了企业全部资产的管理质量和利用效率。通过该指标的对比分析，可以反映企业本年度以及以前年度总资产的运营效率和变化，发现企业与同类企业在资产利用上的差距，促进企业挖掘潜力、积极创收、提高产品市场占有率、提高资产利用效率。

总资产周转率用来衡量企业全部资产的使用效率，如果该比率较低，说明企业全部资产营运效率较低，可采用薄利多销或处理多余资产等方法，加速资产周转，提高运营效率；如果该比率较高，说明资产周转快，销售能力强，资产运营效率高。

在分析企业总资产周转率时，投资者应注意以下要点：

（1）由于年度报告中只包括资产负债表的年初数和年末数，外部报表使用者可直接用资产负债表的年初数来代替上年平均数进行比率分析。这一代替方法也适用于其他的利用资产负债表数据计算的比率。

（2）如果企业的总资产周转率突然上升，而企业的销售收入却无多大变化，则可能是企业本期报废了大量固定资产造成的，而不是企业的资产利用效率提高。

（3）如果企业的总资产周转率较低，且长期处于较低的状态，企业应采取措施提高各项资产的利用效率，处置多余，闲置不用的资产，提高销售收入，从而提高总资产周转率。

（4）如果企业资金占用的波动性较大，总资产平均余额应采用更详细的资料进行计算，如按照月份计算。

总资产周转率计算公式为：

总资产周转率（次）＝主营业务收入净额÷平均资产总额

公式中，主营业务收入净额是指企业当期销售产品、商品、提供劳务等驻澳经营活动取得的收入减去折扣与折让后的数额。而平均资产总额是指企业资产总额年初数与年末数的平均值。

其计算公式为：

平均资产总额＝（资产总额年初数＋资产总额年末数）÷2

【例8-1】1999年某公司销售收入净额为16280万元，年初资产总额为9600万元，年末为11500万元。

则该公司1999年总资产周转率计算如下：

平均资产总额＝（资产总额年初数＋资产总额年末数）÷2＝（9600＋11500）÷2＝10550（万元）

总资产周转率＝16280÷10550＝1.54（次）

2. 流动资产周转率计算

流动资产周转率指企业一定时期内主营业务收入净额同平均流动资产总额的比率，流动资产周转率是评价企业资产利用率的另一重要指标。

流动资产周转率反映了企业流动资产的周转速度，是从企业全部资产中流动性最强的流动资产角度对企业资产的利用效率进行分析，以进一步揭示音响企业资产质量的主要因素。要实现该指标的良性变动，应以主营业务收入增幅高于流动资产增幅做保证。

通过该指标的对比分析，可以促进企业加强内部管理，充分有效地利用流动资产，如降低成本、调动暂时闲置的货币资金用于短期投资创造收益等，还可以促进企业采取措施扩大销售，提高流动资产的综合使用效率。

一般情况下，该指标越高，表明企业流动资产周转速度越快，利用越好。在较快的周转速度下，流动资产会相对节约，相当于流动资产投入的增加，在一定程度上增强了企业的盈利能力；而周转速度慢，则需要补充流动资金参加周转，会形成资金浪费，降低企业盈利能力。投资者在分析流动资产周转率时，要结合存货、应收账款一并进行分析，可全面评价企业的盈利能力。

流动资产周转率计算公式如下：

流动资产周转率（次）＝主营业务收入净额÷平均流动资产总额×100%

公式中，主营业务收入净额是指企业当期销售产品、商品、提供劳务等主要经营活动取得的收入减去折扣与折让后的数额。而平均流动资产总额是指企业流动资产总额的年初数与年末数的平均值。

平均流动资产总额计算公式为：

平均流动资产总额 = （流动资产年初数 + 流动资产年末数）÷2

【例8-2】某公司2003年销售收入净额285万元，销售毛利率为20%，年末流动资产110万元，年初流动资产120万元。

则该企业流动资产周转率为：

流动资产周转率 = 销售收入 ÷ ［（年初流动资产 + 年末流动资产）÷2］ = 285 × （1-20%）÷ ［（110+120）÷2］ = 2（次）

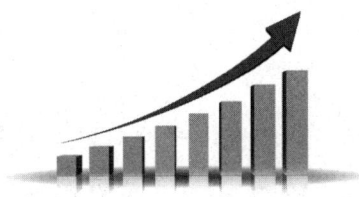

3. 应收账款周转率计算

应收账款周转率是销售收入除以平均应收账款的比值，也就是年度内应收账款转为现金的平均次数，它说明应收账款流动的速度。用时间表示的周转速度是应收账款周转天数，也叫平均应收账款回收期或平均收现期，表示企业从取得应收账款的权利到收回款项、转换为现金所需要的时间，等于 360 除以应收账款周转率。

一般来说，应收账款周转率越高，平均收账期越短，说明应收账款的收回越快。否则，企业的营运资金会过多地呆滞在应收账款上，影响正常的资金周转。

存在一些影响该指标正确计算的因素：季节性经营的企业使用这个指标时不能反映实际情况；大量使用分期付款结算方式；大量地使用现金结算的销售；年末大量销售或年末销售大幅度下降。这些因素都会对计算结果产生较大的影响。财务报表的外部使用人可以将计算出的指标与该企业前期指标、与行业平均水平或其他类似企业的指标相比较，判断该指标的高低。但仅根据指标的高低分析不出上述各种原因。

应收账款周转率公式为：

应收账款周转次数 = 营业收入 ÷ 平均应收账款余额

平均应收账款余额 =（应收账款余额年初数 + 应收账款余额年末数）÷2

应收账款周转天数 = 360 ÷ 应收账款周转率

销售收入为扣除折扣和折让后的销售净额，平均应收账款是指未扣除坏账准备的应收账款金额，是期初应收账款余额与期末应收账款的平均数。销售净额应扣除现金销售部分，即使用赊销净额来计算，理论上更加完备，但是数据难以得到。

【例8－3】某公司利润表中营业收入项目2003年度为21000万元，2003年12月31日资产负债表中应收账款项目期末数、期初数分别为1190万元、245万元；应收票据项目期末数、期初数分别为1040万元、850万元；附注中反映应收账款计提的坏账准备的期末数、期初数分别为12万元、7万元。

则：

该公司应收账款周转次数 ＝ 21000 ÷ 〔（1190 ＋ 1040 ＋ 12）＋（245 ＋ 850 ＋ 7）〕÷ 2 ＝ 21000 ÷ 1672 ＝ 12.56（次）

周转天数 ＝ 360 ÷ 12.56 ＝ 28.66（天）

4. 存货周转率计算

存货周转率是企业一定时期主营业务成本与平均存货余额的比率。用于反映存货的周转速度，即存货的流动性及存货资金占用量是否合理，促使企业在保证生产经营连续性的同时，提高资金的使用效率，增强企业的短期偿债能力。

存货周转率是企业营运能力分析的重要指标之一，在企业管理决策中被广泛地使用。存货周转率不仅可以用来衡量企业生产经营各环节中存货运营效率，而且还被用来评价企业的经营业绩，反映企业的绩效。

存货周转率反映了企业销售效率和存货使用效率。在正常情况下，如果企业经营顺利，存货周转率越高，说明企业存货周转得越快，企业的销售能力越强。营运资金占用在存货上的金额也会越少。

存货周转率是对流动资产周转率的补充说明，通过存货周转率的计算与分析，可以测定企业一定时期内存货资产的周转速度，是反映企业购、产、销平衡效率的一种尺度。存货周转速度越快，存货占用水平越低，这样会增强企业的短期偿债能力及获利能力。通过存货周转速度分析，有利于找出存货管理中存在的问题，尽可能降低资金占用水平。

存货周转率的计算公式为：

存货周转率（次）＝销售（营业）成本÷平均存货
平均存货＝（年初存货＋年末存货）÷2
存货周转率（天）＝360÷存货周转率（次）

【例 8 - 4】某公司 2007 年的主营业务成本为 2941000 万元，年初存货为

1107660 万元，年末存货为 87456 万元。按照上述公式计算如下：

平均存货 ＝（1107660 ＋ 87456）÷2 ＝ 597558（万元）

存货周转率（次）＝ 2941000 ÷ 597558 ＝ 4.922（次）

存货周转率（天）＝ 360 ÷ 4.922 ＝ 73（天）

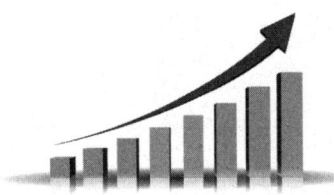

5. 全部资产现金回收率计算

全部资产现金回收率是经营现金净流量与全部资产的比率。该指标旨在考评企业全部资产产生现金的能力，该比值越大越好。

一般来说，全部资产现金回收率比值越大说明资产利用效果越好，利用资产创造的现金流入越多，整个企业获取现金能力越强，经营管理水平越高。反之，则经营管理水平越低，经营者有待提高管理水平，进而提高企业的经济效益。

全部资产现金回收率的计算公式为：

全部资产现金回收率 = 经营活动现金净流量 ÷ 期末资产总额 × 100%

如果把上述公式求倒数，则可以分析，全部资产用经营活动现金回收，需要的期间长短。因此，这个指标体现了企业资产回收的含义。回收期越短，说明资产获现能力越强。

【例 8 - 5】某公司 2001 年经营活动现金净流量为 8415.5 万元，全部资产总额为 96500 万元，则：

全部资产现金回收率 = 8415.5 ÷ 96500 × 100% = 8.72%

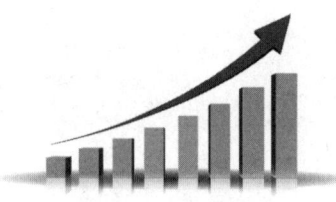

6. 营业周期计算

营业周期是指从外购承担付款义务，到收回因销售商品或提供劳务而产生的应收账款的这段时间。营业周期的长短取决于存货周转天数和应收账款周转天数。

一般来说，营业周期的长短是决定公司流动资产需要量的重要因素。较短的营业周期表明对应收账款和存货的有效管理。提高存货周转率，缩短营业周期，可以提高企业的变现能力。同时也是提高经营效益的有效途径。

营业周期计算公式为：

营业周期 = 存货周转天数 + 应收账款周转天数

把存货周转天数和应收账款周转天数加在一起计算出来的营业周期，指的是取得的存货需要多长时间能变为现金。一般情况下，营业周期短，说明资金周转速度快；营业周期长，说明资金周转速度慢。

【例8-6】某公司2000年会计报表中部分项目的数据：本年度的赊销净额为560万元，销售成本为450万元，应收账款的年初和年末数为26万元、30万元；存货的年初数和年末数为73万元和107万元。

则：

存货周转天数 = 360 ÷ 450 ÷ 〔(73 + 107) ÷ 2〕 = 72（天）

应收账款周转天数 = 360 ÷ 560 ÷ 〔(26 + 30) ÷ 2〕 = 18（天）

营业周期 = 存货周转天数 + 应收账款周转天数 = 72 + 18 = 90（天）

第九章　业绩计量评价计算公式

1. 经济收益计算

经济收益是一个经济学的概念。在经济学中占主导地位的经济收益是指他在保持期末与期初同样富有的情况下，可能消费的最大金额，包括了已实现的收益和未实现的收益。

经济收益是指一个企业要真正盈利，其利润不仅要弥补企业的经营成本，还要弥补其资本成本。它是通过比较某一会计期间期末期初净资产（即所有者权益）计算出来的。

一个企业的经济收益的定义是"在期末和期初拥有等量资产的情况下，可以给股东分出的最大金额"。

经济收益与会计收益的含义不同。计算会计收益和经济收益的成本含义也不同。由于财富可以用未来现金流量的现值来估计，经济收益也可以定义为一个时期到另一个时期给所有者产生的预期未来现金流量的现值减去所有者的净投资后的差额。

（1）经济收益可以较准确地反映企业收益的本质——财富的增加；会计收益更多地依赖人为设计的确认和计量模式，包含很多选择、分析、判断和估计程序，较多地关注形式和名义，强调符合特定的会计标准。

（2）经济收益不仅包括已实现收益，还包括未实现收益，可以完整反映企业收益信息的全貌；会计收益更强调经营活动，强调实现、应计、配比、历史等概念，不确认未实现收益。

（3）经济收益更强调资本保全，原资本（期初资本）必须得到保全，成本耗费得到充分补偿后，超过期初资本的部分，才能确认为收益；在通货膨胀较为严重时，会计收益虽然可使财务资本得到保全，但却不能体现实物资本的保全。

（4）经济收益的计量按照"期本净资产－期初净资产"的模式进行，只与资产、负债的计量属性有关，不会因为会计核算模式的不同而存在差异；会计收益的计量则根据"收入－费用"的模式进行，因采用会计方法和程序的不同而不同。

（5）经济收益的计量结果从属于期初、期末的资产、负债计价，计价方法一经确定，人为选择和判断的空间很小；会计收益在确认和计量过程中包含大量不确定因素，很多地方需要估计和判断，从而使会计收益不可避免地带有主观成分，调整的弹性较大。

经济收益的计算公式为：

经济收益＝预期未来现金流入现值－净投资的现值

经济收益是在业绩评价期内由于生产经营、培训职工、提高工作效率等使企业增加的价值。

经济收益与市场增加值有区别。经济收益的计量不依赖股票价格，而是根据现金流量估计的。只有在预期未来业绩没有变化，而且加权平均的资本成本在年度内始终不变的情况下，市场增加值才等于经济利润。

【例9－1】某公司净投资的现值为185万元，该公司追加流动资金322万元，则：

经济收益＝322－185＝137（万元）

2. 市场增加值计算

市场增加值（MVA）就是一家上市公司的股票市场价值与这家公司的股票与债务调整后的账面价值之间的差额。简而言之，市场增加值就是公司所有资本通过股市累计为其投资者创造的财富，也即公司市值与累计资本投入之间的差额。换句话说，市场增加值是企业变现价值与原投入资本之间的差额，它直接表明了一家企业累计为股东创造了多少财富。

市场增加值的计算公式为：

市场增加值 = 公司市值 − 累计资本投入

将该公式延展可得：

市场增加值 = 公司市值 − 公司账面资本值 = 发行在外的普通股股数 × 股票价格 − 资产负债表上的普通股权益会计

对于企业来说，市场增加值越高越好。高市场增加值说明企业为其股东创造了更多的财富。在理论上，MVA 等于未来 EVA 的折现值，也就是说 MVA 是市场对公司获取未来 EVA 能力的预期反映。如果 MVA 出现负值，则说明公司的经营投资活动所创造的价值低于投资者投入公司的资本价值，这就意味着投资人的财富或价值在遭受损失。

对于一个企业来说，其目的就是要最大化 MVA，而不是最大化企业价值，因为后者可以非常简单地通过增加投资来实现。

前面我们讲过经济附加值（EVA），那么经济附加值和市场附加值有什么区别呢？

MVA 和 EVA 都反映了上市公司资本运营的净效益，MVA 更能体现资本市场对公司的价值的影响，但 MVA 不适用于未公开上市的公司，即使估计非上市公司的市值也往往是不可靠的；股票价格不仅受管理业绩的影响，还受其他许多因素的影响，当股票市场波动较大，企业股票有不正常涨跌时，MVA 受到的扭曲就无法避免，对经营者业绩的评价会受影响；即使是上市公司也只能计算它的整体 MVA，下属部门和单位无法计算 MVA，也就不能用于企业内部的业绩评价

从统计意义上，EVA 对一家公司的 MVA "解释"了 50%，也就是说 EVA 与 MVA 的相关性可以达到 50%。因此与 MVA 最为相关的 EVA 更适宜作为上市公司对内部业务单元和经理层的经营业绩评价和奖励制度的依据。也就是说，EVA 能够准确地从企业价值增加的角度反映管理者的经营业绩，通过将管理者的报酬与 EVA 挂钩引导管理者的努力方向。

MVA 与 EVA 两者最大的不同在于 MVA 注重衡量企业能否创造价值，增加财富，而非关注企业销售量是否增加，利润增长幅度如何。EVA 评价的是企业在过去年度是否获得成功，而 MVA 关心企业前景的市场评估，透过经济增值观察企业的未来。在市场竞争越来越激烈的今天，企业不仅关注目前或短期内能否获得成功，也开始重视自己能否持久地在竞争中占有一席之地，使资本得到增值。

【例 9 - 2】某公司 2001 年初根据财务报表的数据经过调整之后的债务资本为 500 万元，权益资本为 750 万元。预计从 2001 年开始，投资资本、企业实体现金流量、经济增加值均可以一直保持 4% 的增长速度，加权平均资本成本一直保持为 9%，预计 2001 年的息税前利润为 180 万元，适用的所得税率为 25%。

则：

投资资本 = 500 + 700 = 1250（万元）

税后经营利润 = 180 × (1 - 25%) = 135（万元）

投资资本回报率 = 135 ÷ 1250 × 100% = 10.8%

经济增加值 = (10.8% - 9%) × 1250 = 22.5（万元）

经济增加值现值 = 22.5 ÷ (9% - 4%) = 450（万元）

市场增加值 = 经济增加值现值 = 450（万元）

3. 资本积累率计算

资本积累率是指企业本年所有者权益增长额同年初所有者权益的比率。资本积累率表示企业当年资本的积累能力，是评价企业发展潜力的重要指标。

（1）资本积累率是企业当年所有者权益总的增长率，反映了企业所有者权益在当年的变动水平。

（2）资本积累率体现了企业资本的积累情况，是企业发展强盛的标志，也是企业扩大再生产的源泉，展示了企业的发展潜力。

（3）资本积累率反映了投资者投入企业资本的保全性和增长性，该指标越高，表明企业的资本积累越多，企业资本保全性越强，应付风险、持续发展的能力越大。

（4）该指标如为负值，表明企业资本受到侵蚀，所有者利益受到损害，应予充分重视。

资本积累率计算公式为：

$$资本积累率 = 本年所有者权益增长额 ÷ 年初所有者权益 × 100\%$$

公式中，本年所有者权益增长额是指企业本年所有者权益与上年所有者权益的差额，本年所有者权益增长额 = 所有者权益年末数 − 所有者权益年初数。数值取值于"资产负债表"。年初所有者权益指所有者权益的年初数。数值取值于"资产负债表"。

【例9-3】某公司2000年末的总股数为800万股（均为发行在外普通股），股本800万元（每股面值1元），资本公积为3200万元，股东权益总额为5900万元，2000年的营业收入为5000万元，营业净利率为10%。2000年4月1日增发了100万股普通股，增加股本100万元，增加股本溢价500万元；2000年

10月1日回购了20万股普通股，减少股本20万元，减少股本溢价180万元，2000年的资本保值增值率为110%，2000年初的资本公积中有90%属于股本溢价。

则：

增发股票导致股东权益增加额 $= 100 + 500 = 600$（万元）

回购股票导致股东权益减少额 $= 20 + 180 = 200$（万元）

客观因素导致股东权益增加额 $= 600 - 200 = 400$（万元）

扣除客观因素后的年末股东权益总额 $= 5900 - 400 = 5500$（万元）

资本保值增值率110% $= 5500 \div 2000$ 年年初股东权益总额 $\times 100\%$

2000年年初股东权益总额 $= 5000$（万元）

2000年资本积累率 $= (5900 - 5000) \div 5000 \times 100\% = 18\%$

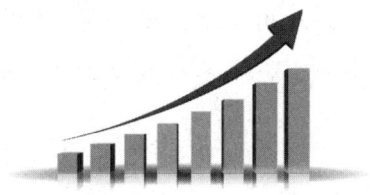

4. 现金股利保障倍数计算

现金股利保障倍数是指经营活动净现金流量与现金股利支付额之比。支付现金股利率越高，说明企业的现金股利占结余现金流量的比重越小，企业支付现金股利的能力越强。在使用该指标时，仅仅以 1 年的数据很难说明该指标的好坏，利用 5 年或者更长时间的平均数计算更能说明问题。

现金股利保障倍数的计算公式为：

$$现金股利保障倍数 = （每股营业现金净流量 \div 每股现金股利）\times 100\%$$

现金股利保障倍数表明企业用年度正常经营活动所产生的现金净流量来支付股利的能力，比率越大，表明企业支付股利的现金越充足，企业支付现金股利的能力也就越强。

该指标还体现支付股利的现金来源及其可靠程度，是对传统的股利支付率的修正和补充。由于股利发放与管理当局的股利政策有关，因此，该指标对财务分析只起参考作用。由于我国很多公司（尤其是 ST 公司）根本不支付现金股利，导致这一指标的分母为零，所以在预测我国上市公司财务危机时该指标可不作考虑。

【例 9 - 4】某公司 2008 年每股营业现金净流量为 0.095，每股现金股利为 0.08 元。

则：

$$现金股利保障倍数 = 0.095 \div 0.08 = 1.19 （倍）$$

5. 现金再投资比率计算

现金再投资比率是指将留存于单位的业务活动现金流量与再投资资产之比。

现金再投资比率越高，表明企业可用于再投资在各项资产的现金越多，企业再投资能力强；反之，则表示企业再投资能力弱。一般而言，凡现金再投资比率达到8%和10%的，即被认为是一项理想的比率。

现金再投资比率公式为：

现金再投资比率 = 业务活动净现金流量 ÷ （固定资产 + 长期投资 + 其他资产 + 运营资金）

公式中的分母各组成部分是某个特定时点上的存量。其中营运资金指的是流动资产减去流动负债之后的余额。

【例9 – 5】某公司 2009 年度相关财务数据为：营业活动净现金流量 1000000。本年度发放普通股现金股利 200000，股票股利 100000。期末流动资产 450000。期末流动负债 200000。期末其他资产余额 2000000。期末长期投资余额 1000000。期末固定资产毛额 7500000，累计折旧 1500000。

净现金流量 = 1000000 – 200000 = 800000 （元）
再投资资产 = 7500000 + 1000000 + 2000000 + 250000 = 10750000 （元）
现金再投资比率 = 800000 ÷ 10750000 = 0.074

6. 现金营运指数计算

现金营运指数是反映企业现金回收质量，衡量风险的指标，指反映企业经营活动现金流量与企业经营所得现金（经营现金毛流量）的比值。

理想的现金营运指数应为1，小于1的现金营运指数反映了公司部分收益没有取得现金，而是停留在实物或债权形态，而实物或债权资产的风险远大于现金。现金营运指数越小，以实物或债权形式存在的收益占总收益的比重越大，收益质量越差。

现金营运指数的计算公式为：

现金营运指数 =（经营所得现金－经营性营运资产净增加）÷经营所得现金

其中：

经营所得现金＝经营净收益与非付现费用之和。

经营所得现金等于经营净收益加上各项折旧、减值准备等非付现费用，经营现金流量等于经营所得现金减去应收账款、存货等经营性营运资产净增加。

【例9-6】某公司2003年度净利润为1000万元，计提的各项资产减值准备共计400万元，提取的固定资产折旧为300万元，处置固定资产的收益20万元，财务费用（借款利息）15万元，投资收益24万元，存货增加30万元，经营性应收项目增加38万元，经营性应付项目增加52万元。所得税率为33%。

则：

第1类调整项目＝400＋300＝700（万元）

第 2 类调整项目 $= 20 - 15 + 24 = +29$（万元）

第 3 类调整项目 $= 30 + 38 - 52 = 16$（万元）

现金营运指数 $= \{1000 + 700 - 29（1 - 33\%）- 16\} \div \{1000 + 700 - 29（1 - 33\%）\} = 0.99$

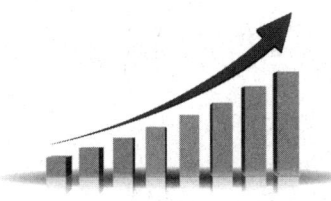

第十章　股票技术指标计算公式

1. MACD 指标计算

MACD 即指数平滑异同移动平均线，MACD 根据每日的收市价，计算出两条不同速度的加权移动平均线，通过测量两条平均线的差离值来判断买卖时机，是一种极为常用的技术分析方法。MACD 吸收了移动平均线的优点。运用移动平均线判断买卖时机，在趋势明显时收效很大，但如果碰上牛皮盘整的行情，所发出的信号频繁而不准确。根据移动平均线原理所发展出来的 MACD，一来克服了移动平均线假信号频繁的缺陷，二来能确保移动平均线最大的战果。

MACD 线由 DIF 线和 DEA 线组成：

DIF 线（Difference）：收盘价短期、长期指数平滑移动平均线间的差 。

DEA 线（Difference Exponential Average）DIFF 线的 M 日指数平滑移动平均线。

MACD 参数：SHORT（短期）、LONG（长期）、M 天数，一般为 12、26、9。

MACD 指标的计算公式为：

加权平均指数（DI）=（当日最高指数 当日收盘指数 2 倍的当日最低指数）

12 日平滑系数（L12）＝2÷（12＋1）＝0.1538

26 日平滑系数（L26）＝2÷（26＋1）＝0.0741

12 日指数平均值（12 日 EMA）＝L12×当日收盘指数＋11÷（12＋1）×昨日的 12 日 EMA

26 日指数平均值（26 日 EMA）＝L26×当日收盘指数＋25÷（26＋1）×昨日的 26 日 EMA

MACD 指标计算方法：

MACD 是计算两条不同速度（长期与中期）的指数平滑移动平均线（EMA）的差离状况来作为研判行情的基础。

（1）先求出每天的 DI 值：DI＝H＋L＋2C。

（2）第一天计算时 AX＝（12 天 DI 之和）÷12；BX＝（26 天 DI 之和）÷26

（3）将第 13 天之 DI 减去 AX 再乘以 0.1538 再加上 AN 得出 DIAX 值。

（4）将第 26 天之 DI 减去 BX 再乘以 0.0741 再加上 BX 得出 DIBX。

（5）从第 27 天起将每天的 DIAX－DIBX，即得出 DIF 值。

（6）第一次计算 MACD 时，则以 9 天的 DIF 总和÷9，所得出之值代替第一个 MACD。

（7）由第 36 天的 DIF 减去第 35 大的 MACD 所得之值乘以 0.2 再加上第 35 天的 MACD，即可算出第 36 天的 MACD。

需要注意的是，第 35 天的 MACD 是由第 6 式之值代替的。而第 37 天以后，每天只要将当天的 DIF 减去昨天的 MACD 乘以 0.2 以后再加上昨日的 MACD 即可。

在绘制的图形上，DIF 与 MACD 形成了两条快慢移动平均线，买进卖出信号也就决定于这两条线的交叉点。很明显，MACD 是一个中长期趋势的投资技术工具。

MACD 指标的应用法则：

（1）DIF 与 MACD 均为正值，即都在零轴线以上时，大势属多头市场，DIF 向上突破 MACD，可以买。

（2）DIF 与 MACD 均为负值，即都在零轴线以下时，大势属空头市场，DIF 向下跌破 MACD，可以卖。

（3）当 MACD 线与 K 线趋势发生背离（价格出现近期低点或高点而 MACD 未配合出现新的低点或高点）时为反转信号。

（4）分析 DIF – MACD 柱形图，由正变负时往往指示该卖，反之往往为买入信号。

（5）当 MACD 在盘局时，失误率较高，但如果配合 RSI 及 KD，可以适当弥补缺憾。股价变化迅速时，MACD 不会立即产生信号，此时 MACD 无法发生作用。

2. KDJ 指标计算

KDJ 指标又叫随机指标，是一种相当新颖、实用的技术分析指标，它起先用于期货市场的分析，后被广泛用于股市的中短期趋势分析，是期货和股票市场上最常用的技术分析工具。

随机指标 KDJ 一般是用于股票分析的统计体系，根据统计学的原理，通过一个特定的周期（常为 9 日、9 周等）内出现过的最高价、最低价及最后一个计算周期的收盘价及这三者之间的比例关系，来计算最后一个计算周期的未成熟随机值 RSV，然后根据平滑移动平均线的方法来计算 K 值、D 值与 J 值，并绘成曲线图来研判股票走势。

随机指标 KDJ 是以最高价、最低价及收盘价为基本数据进行计算，得出的 K 值、D 值和 J 值分别在指标的坐标上形成的一个点，连接无数个这样的点位，就形成一个完整的、能反映价格波动趋势的 KDJ 指标。

KDJ 的计算比较复杂，首先要计算周期（n 日、n 周等）的 RSV 值，即未成熟随机指标值，然后再计算 K 值、D 值、J 值等。以日 KDJ 数值的计算为例，其计算公式为：

$$n\ 日\ RSV = (Cn - Ln) \div (Hn - Ln) \times 100$$

公式中，Cn 为第 n 日收盘价；Ln 为 n 日内的最低价；Hn 为 n 日内的最高价。RSV 值始终在 1—100 间波动。计算 K 值与 D 值：

当日 K 值 ＝2÷3× 前一日 K 值 ＋1÷3× 当日 RSV
当日 D 值 ＝2÷3× 前一日 D 值 ＋1÷3× 当日 K 值
若无前一日 K 值与 D 值，则可分别用 50 来代替。
J 值 ＝3× 当日 D 值 －2× 当日 K 值

【例 10 - 1】以 9 日为周期的 KD 线。首先须计算出最近 9 日的 RSV 值，计算过程为：

9 日 RSV ＝（C － L9）÷（H9 － L9）×100

公式中，C 为第 9 日的收盘价；L9 为 9 日内的最低价；H9 为 9 日内的最高价。

K 值 ＝2/3 × 第 8 日 K 值 ＋1/3 × 第 9 日 RSV
D 值 ＝2/3 × 第 8 日 D 值 ＋1/3 × 第 9 日 K 值
J 值 ＝3 × 第 9 日 D 值 －2 × 第 9 日 K 值

若无前一日 K 值与 D 值，则可以分别用 50 代替。

KDJ 随机指标应用原则：

（1）K 线是快速确认线——数值在 90 以上为超买，数值在 10 以下为超卖；

D 线是慢速主干线——数值在 80 以上为超买，数值在 20 以下为超卖；

J 线为方向敏感线，当 J 值大于 100，特别是连续 5 天以上，股价至少会形成短期头部，反之 J 值小于 0 时，特别是连续数天以上，股价至少会形成短期底部。

（2）当 K 值由较小逐渐大于 D 值，在图形上显示 K 线从下方上穿 D 线，显示目前趋势是向上的，所以在图形上 K 线向上突破 D 线时，即为买进的讯号。

实战时当 KD 线在 20 以下交叉向上，此时的短期买入的信号较为准确；如果 K 值在 50 以下，由下往上接连两次上穿 D 值，形成右底比左底高的"W 底"形态时，后市股价可能会有 相当的涨幅。

（3）当 K 值由较大逐渐小于 D 值，在图形上显示 K 线从上方下穿 D 线，显示目前趋势是向下的，所以在图形上 K 线向下突破 D 线时，即为卖出的讯号。

　　实战时当 KD 线在 80 以上交叉向下，此时的短期卖出的信号较为准确；如果 K 值在 50 以上，由上往下接连两次下穿 D 值，形成右头比左头低的"M 头"形态时，后市股价可能会有相当的跌幅。

　　（4）通过 KDJ 与股价背离的走势，判断股价顶底也是颇为实用的方法：股价创新高，而 KD 值没有创新高，为顶背离，应卖出；股价创新低，而 KD 值没有创新低，为底背离，应买入；股价没有创新高，而 KD 值创新高，为顶背离，应卖出；股价没有创新低，而 KD 值创新低，为底背离，应买入。

　　需要注意的是 KDJ 顶底背离判定的方法，只能和前一波高低点时 KD 值相比，不能跳过去相比较。

3. DMI 指标计算

DMI 又叫动向指标，是通过分析股票价格在涨跌过程中买卖双方力量均衡点的变化情况，即多空双方的力量的变化受价格波动的影响而发生由均衡到失衡的循环过程，从而提供对趋势判断依据的一种技术指标。

DMI 指标的基本原理是在于寻找股票价格涨跌过程中，股价借以创新高价或新低价的功能，研判多空力量，进而寻求买卖双方的均衡点及股价在双方互动下波动的循环过程。在大多数指标中，绝大部分都是以每一日的收盘价的走势及涨跌幅的累计数来计算出不同的分析数据，其不足之处在于忽略了每一日的高低之间的波动幅度。比如，某个股票的两日收盘价可能是一样的，但其中一天上下波动的幅度不大，而另一天股价的振幅却在10%以上，那么这两日的行情走势的分析意义决然不同，这点在其他大多数指标中很难表现出来。而 DMI 指标则是把每日的高低波动的幅度因素计算在内，从而更加准确的反应行情的走势及更好的预测行情未来的发展变化。

DMI 指标的计算方法和过程比较复杂，它涉及 DM、TR、DX 等几个计算指标和 + DI（即 PDI － ，下同）、DI（即 MDI，下同）、ADX 和 ADXR 等 4 个研判指标的运算。

计算的基本程序（以计算日 DMI 指标为例），其运算的基本程序主要为：

（1）按一定的规则比较每日股价波动产生的最高价、最低价和收盘价，计算出每日股价的波动的真实波幅 TR、 + DI － 、DI，在运算基准日基础上按一定的天数将其累加，以求 n 日的 TR、 + DM 和 DM 值。

（2）将 n 内的上升动向值和下降动向值分别除以 n 日内的真实波幅值，从而求出 n 日内的上升指标 + DI － 和下降指标 DI。

（3）通过 n 内的上升指标 + DI － 和下降指标 DI 之间的差和之比，计算出每日的动向值 DX。

（4）按一定的天数将 DX 累加后平均，求得 n 日内的平均动向值 ADX。

（5）再通过当日的 ADX 与前面某一日的 ADX 相比较，计算出 ADX 的评估数值 ADXR。

计算的具体过程：

第一，计算当日动向值。

动向指数的当日动向值分为上升动向、下降动向和无动向等三种情况，每日的当日动向值只能是三种情况的一种。

（1）上升动向（+DM）。+DM 代表正趋向变动值即上升动向值，其数值等于当日的最高价减去前一日的最低价。上升动向值必须大于当日最低价减去前一日最低价的绝对值，否则 +DM = 0。

（2）下降动向（DM）。–DM 代表负趋向变动值即下降动向值，其数值等于当日的最低价减去前一日的最低价。下降动向值必须大于当日的最高价减去前一日最低 – 价的绝对值，否则 DM = 0。

（3）无动向。无动向代表当日动向值为"零"的情况，即当日的 +DM – 和 DM 同时等于零。有两种股价波动情况下可能出现无动向。一是当当日的最高价低于前一日的最高价并且当日的最低价高于前一日的最低价，二是当上升动向值正好等于下降动向值。

第二，计算真实波幅（TR）。

TR 代表真实波幅，是当日价格较前一日价格的最大变动值。取以下三项差额的数值中的最大值（取绝对值）为当日的真实波幅：

（1）当日的最高价减去当日的最低价的价差。

（2）当日的最高价减去前一日的收盘价的价差。

（3）当日的最低价减去前一日的收盘价的价差。

TR 是 A、B、C 中的数值最大者

第三，计算方向线 DI。

方向线 DI 是衡量股价上涨或下跌的指标，分为"上升指标"和"下降指标"。在有的股市分析软件上，+DI – 代表上升方向线，DI 代表下降方向线。其计算公式如下：

$$+ DI = （DM ÷ TR）×100$$
$$- DI = -（DM ÷ TR）×100$$

要使方向线具有参考价值，则必须运用平滑移动平均的原理对其进行累积运算。以 12 日作为计算周期为例，先将 12 日内的 + DM - 、DM 及 TR 平均化，所得数值分别为 + DM12 - ，DM12 和 TR12，具体如下：

$$+ DI （12）=（+ DM12 ÷ TR12）×100$$
$$- DI （12）= -（DM12 ÷ TR12）×100$$

随后计算第 13 天的 + DI12 - 、DI12 或 TR12 时，只要利用平滑移动平均公式运算即可。

例如：

当日的 TR12 = 11/12 ÷ 前一日 TR12 + 当日 TR

上升或下跌方向线的数值永远介于 0 与 100 之间。

第四，计算动向平均数 ADX。

依据 DI 值可以计算出 DX 指标值。其计算方法是将 + DI 和—DI 间的差的绝对值除以总和的百分比得到动向指数 DX。由于 DX 的波动幅度比较大，一般以一定的周期的平滑计算，得到平均动向指标 ADX。公式如下：

$$DX =（DI\ DIF ÷ DI\ SUM）×100$$

其中，DI DIF 为上升指标和下降指标的价差的绝对值

DI SUM 为上升指标和下降指标的总和

ADX 就是 DX 的一定周期 n 的移动平均值。

第五，计算评估数值 ADXR

在 DMI 指标中还可以添加 ADXR 指标，以便更有利于行情的研判。

ADXR 的计算公式为：

ADXR =（当日的 ADX + 前一日的 ADX）÷2

DMI 指标的应用原则：

DMI 指标的一般分析方法主要是针对 + DI −、DI、ADX 等三值之间的关系展开的，而在大多数股市技术分析软件上，DMI 指标的特殊研判功能则主要是围绕 + DI 线、− DI 线、ADX 线和 ADXR 线等四线之间的关系及 DMI 指标分析参数的修改和均线先行原则等这三方面的内容而进行的。其中，+ DI 线在有的软件上是用 PDI 线表示，意为上升方向线；− DI 线是用 MDI 表示，意为下降方向线。

动向指标 DMI 由 4 条指标线组成：

上升方向线　+ DI（又称 PDI）；
下降方向线　− DI（又称 MDI）；
趋向平均值 ADX；

ADXR，对 ADX 的评估数值，也是对市场的评估指标；

（1）DMI 本身含有 + DI、− DI、DX、ADX 指标，这几项指标要配合看。除外，配合其他外部指标共同研判。

（2）DI 上升、下降的幅度均在 0 至 100 之间。多方实力强，+ DI 值放大并趋近 100，股指可能会继续提高。反之，若空方实力强，− DI 值放大并趋近 −100，股指会继续下落。如果 + DI 变小并趋近 0，反映了多方势头减弱。如果 − DI 变小并趋于 0，反映空方势头减弱。股指分别会止升、止跌。投资者可根据 + DI、− DI 的变化趋向，摸清多空的实力，择机而动。

（3）从相对强弱分析，如果 + DI 大于 − DI，在图形上则表现为 + DI 线从下向上穿破 − DI 线，这反映了股市中多方力量加强，股市有可能高走一段，因此，投资者速买再速卖，不可买进惜售，待股价冲顶回落后会造成损失。

如果 − DI 大于 + DI，在图形上则表现为 − DI 线从下向上穿透 + DI 线，反映股市中空头正在进场，股市有可能低走。因此，投资者应速卖股票，看准底部后再买进股票。

如果 + DI 和 – DI 线交叉且幅度不宽时。表明股市进入盘整行情。投资者要观察一段，待机行事。

（4）DX 活动区间在 0 – 100 内，如果 DX 趋向 100，表明多空某一方的力量趋于零。如果 DX 值大，表明多空双方实力相差悬殊；如 DX 值小，表明多空双方实力接近。如果 DX 趋向零，表明多空双方的实力近似相等。

一般讲，DX 值在 20 至 60 间，表明多空双方实力大体相等，轮换主体位置的可能性大。投资者此时易把握自己的位置，看准时机，空头转多头，或相反。

DX 值穿破 60，表明多空双方力量拉开，多头或空头各方渐渐主动，或超卖，或超买。DX 值穿破 20，表明多空双方力量均衡，多空双方都主动回撤，买卖不活。此 2 种情况，投资者既不可过于急躁，又不可过于谨慎，要择机而动，大胆心细。

（5）如果 DX、DI 值同时上升，表明多头实力加强，市场有上升的劲头。投资者应速买而后速卖。如果 DX、DI 值同时下降，表明空方主力进场，市场下跌不可避免。投资者速卖后，待新底形成再买进。如果 DX 线位于 + DI 线上方并回落，表明行情虽在上升，但结束上升行情的时间已到，投资者不可再盲目追涨。如果 DX 线位于 – DI 线上方并回落，表明行情虽在下跌，但下跌的认底部已形成，熊市将结束，投资者可适当买进股票。

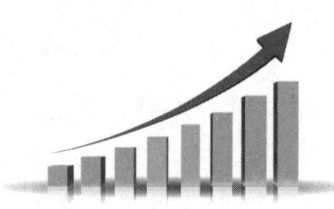

4. ASI 指标计算

ASI 指标以开盘价、最高价、最低价、收盘价构筑成一条幻想线，以便取代目前的走势，形成最能表现当前市况的真实市场线（Real Market）。韦尔德认为当天的交易价格，并不能代表当时真实的市况，真实的市况必须取决于当天的价格，和前一天及次一天价格间的关系，他经过无数次的测试之后，决定了 ASI 计算公式中的因子，最能代表市场的方向性。由于 ASI 相对比当时的市场价格更具真实性，因此，对于股价是否真实的创新高或新低点，提供了相当精确的验证，又因 ASI 精密的运算数值，更为投资者提供了判断股价是否真实突破压力或支撑的依据。

（1）ASI 又名「实质线」，是一条比收盘价更能代表真实行情的曲线。

（2）ASI 突破前一波高点后，第二天股价必突破前一波高点。

（3）ASI 跌破前一波低点后，第二天股价必跌破前一波低点。

（4）ASI 一般与股价走势维持同步波动，并非每一次行情都有领先。

ASI 指标计算公式为：

（1）A = 当天最高价 – 前一天收盘价　B = 当天最低价 – 前一天收盘价　C = 当天最高价 – 前一天最低价　D = 前一天收盘价 – 前一天开盘价

A、B、C、D 皆采用绝对值。

（2）E = 当天收盘价 – 前一天收盘价　F = 当天收盘价 – 当天开盘价　G = 前一天收盘价 – 前一天开盘价

E、F、G 采用其 ± 差值。

（3）X = E + 1 ÷ 2F + G

（4）K = 比较 A、B 二数值，选出其中最大值。

（5）比较 A、B、C 三数值：

若 A 最大，则 $R = A + 1 \div 2B + 1 \div 4D$

若 B 最大，则 $R = B + 1 \div 2A + 1 \div 4D$

若 C 最大，则 $R = C + 1 \div 4D$

（6）$L = 3$

（7）$SI = 50 \times X \div R \times K \div L$

（8）$ASI = $ 累计每日之 SI 值

ASI 指标的应用原则为：

（1）ASI 走势几乎和股价是同步，当股价由下往上，欲穿过前一波的高点套牢区时，于接近高点处，尚未确定能否顺利穿越之际。如果 ASI 领先股价，提早一步，通过相对股价的前一波 ASI 高点，则次一日之后，可以确定股价必然能顺利突破高点套牢区。股民可以把握 ASI 的领先作用，提前买入股票，轻松地坐上上涨的轿子。

（2）股价由上往下，欲穿越前一波低点的密集支撑区时，于接近低点处，尚未确定是否将因失去信心，而跌破支撑之际。如果 ASI 领先股价，提早一步，跌破相对股价的前一波 ASI 低点，则次一日之后，可以确定股价将随后跌破低点支撑区。投资人可以早一步卖出股票，减少不必要的损失。

（3）向上爬升的 ASI，一旦向下跌破其前一次显著的 N 型转折点，一律可视为停损卖出的讯号。

（4）股价走势一波比一波高，而 ASI 却未相对创新高点形成"顶背离"时，应卖出。

（5）股价走势一波比一波低，而 ASI 却未相对创新低点形成"底背离"时，应买进。

5. SAR 指标计算

SAR 指标又叫抛物线指标或停损转向操作点指标，英文全称为"Stop and Reveres"。从 SAR 指标英文全称知道它有两层含义。第一层含义"stop"，即停损、止损之意，这就要求投资者在买卖某个股票之前，先要设定一个止损价位，以减少投资风险。而这个止损价位也不是一直不变的，它是随着股价的波动止损位也要不断的随之调整。如何既可以有效地控制住潜在的风险，又不会错失赚取更大收益的机会，是每个投资者所追求的目标。但是股市情况变幻莫测，而且不同的股票不同时期的走势又各不相同，如果止损位设得过高，就可能出现股票在其调整回落时卖出，而卖出的股票却从此展开一轮新的升势，错失了赚取更大利润的机会，反之，止损位定得过低，就根本起不到控制风险的作用。

SAR 的第二层含义是"Reverse"，即反转、反向操作之意，这要求投资者在决定投资股票前先设定止损位，当价格达到止损价位时，投资者不仅要对前期买入的股票进行平仓，而且在平仓的同时可以进行反向做空操作，以谋求收益的最大化。这种方法在有做空机制的证券市场可以操作，而目前我国国内市场还不允许做空，因此投资者主要采用两种方法，一是在股价向下跌破止损价位时及时抛出股票后持币观望；二是当股价向上突破 SAR 指标显示的股价压力时，及时买入股票或持股待涨。

和 MACD、DMI 等指标相同的是，SAR 指标的计算公式相当烦琐。SAR 的计算工作主要是针对每个周期不断变化的 SAR 的计算，也就是停损价位的计算。在计算 SAR 之前，先要选定一段周期，比如 n 日或 n 周等，n 天或周的参数一般为 4 日或 4 周。接下来判断这个周期的股价是在上涨还是下跌，然后再按逐步推理方法计算 SAR 值。

计算日 SAR 为例，每日 SAR 的计算公式如下：

$$SAR(n) = SAR(n-1) + AF[EP(N-1) - SAR(N-1)]$$

其中，SAR（n）为第 n 日的 SAR 值；SAR（n-1）为第（n-1）日的值；AF 为加速因子（或叫加速系数）；EP 为极点价（最高价或最低价）。

在计算 SAR 值时，要注意以下几项原则：

（1）一次计算 SAR 值时须由近期的明显高低点起的第 n 天开始。

（2）如果是看涨的行情，则 SAR（0）为近期底部最低价；如果是看跌行情，则 SAR（0）为近期顶部的最高价。

（3）加速因子 AF 有向上加速因子和向下加速因子的区分。若是看涨行情，则为向上加速因子；若是看跌行情，则为向下加速因子。

（4）加速因子 AF 的初始值一直是以 0.02 为基数。如果是在看涨行情中买入股票后，某天的最高价比前一天的最高价还要高，则加速因子 AF 递增 0.02，并入计算。但加速因子 AF 最高不超过 0.2。反之，看跌行情中也以此类推。

（5）如果在看涨行情中，计算出的某日的 SAR 值比当日或前一日的最低价高，则应以当日或前一日的最低价为该日的 SAR 值。如果在看跌行情中，计算出的某日的 SAR 值比当日或前一日的最高价低，则应以当日或前一日的最高价为某日的 SAR 值。总之，SAR 值不得定于当日或前一日的行情价格变动幅度之内。

（6）任何一次行情的转变，加速因子 AF 都必须重新由 0.02 起算。

（7）SAR 指标周期的计算基准周期的参数为 2，如 2 日、2 周、2 月等，其计算周期的参数变动范围为 2~8。

SAR 指标的计算方法和过程比较烦琐，对于投资者来说只要掌握其演算过程和原理即可。

SAR 指标的应用原则：

在一般的股市分析软件中，SAR 指标中的股价曲线是以美国线来表示，而 SAR 曲线〔是由红色和绿色的不同圆圈组成，每个圆圈对应一个交易时期如一个交易日、周、月等。）

（1）红色圆圈。当美国线运行在 SAR 曲线的上方时，表明当前股价是处于连续上涨的趋势之中，这时 SAR 指标的圆圈就是以红色表示，它意味着投资者可以继续持有股票。此后投资者可以用 SAR 数值的多少和红圆圈的存在作为止损标准。一旦股票的收盘价跌破 SAR 所标示的价位并且 SAR 指标的红圆圈消失，就应该及时卖出股票。

（2）绿色圆圈。当股价运行在 SAR 曲线的下方时，表明当前股价是处于连续下跌的趋势之中，这时 SAR 指标的圆圈就是以绿色表示，它意味着投资者应继续以持币观望为主，直到 SAR 指标再度发出明确的买入信号。

（3）当股票股价从 SAR 曲线下方开始向上突破 SAR 曲线时，为买入信号，预示着股价一轮上升行情可能展开，投资者应迅速及时地买进股票。

（4）当股票股价向上突破 SAR 曲线后继续向上运动而 SAR 曲线也同时向上运动时，表明股价的上涨趋势已经形成，SAR 曲线对股价构成强劲的支撑，投资者应坚决持股待涨或逢低加码买进股票。

（5）当股票股价从 SAR 曲线上方开始向下突破 SAR 曲线时，为卖出信号，预示着股价一轮下跌行情可能展开，投资者应迅速及时地卖出股票。

（6）当股票股价向下突破 SAR 曲线后继续向下运动而 SAR 曲线也同时向下运动，表明股价的下跌趋势已经形成，SAR 曲线对股价构成巨大的压力，投资者应坚决持币观望或逢高减磅。

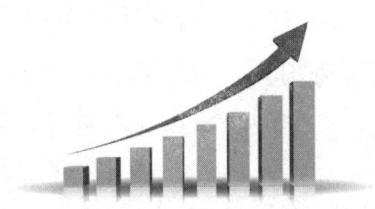

6. W％R 指标计算

W％R 又叫威廉超买超卖指标，简称威廉指标，是目前股市技术分析中比较常用的短期研判指标。对于投资者而言，威廉指标是一个简单实用的技术指标：它及时准确地选择出市场中股价异动前的瞬间，既能选择出加速下跌的瞬间，也能选择出涨升启动前的最佳入市时机。

威廉指标主要是通过分析一段时间内股价最高价、最低价和收盘价之间的关系，来判断股市的超买超卖现象，预测股价中短期的走势。它主要是利用振荡点来反映市场的超买超卖行为，分析多空双方力量的对比，从而提出有效的信号来研判市场中短期行为的走势。

威廉指标是属于研究股价波幅的技术分析指标，在公式设计上和随机指标的原理比较相似，两者都是从研究股价波幅出发，通过分析一段时间的股票的最高价、最低价和收盘价等这三者关系，来反映市场的买卖气势的强弱，借以考察阶段性市场气氛、判断价格和理性投资价值标准相背离的程度。

和股市其他技术分析指标一样，威廉指标可以运用于行情的各个周期的研判，大体而言，威廉指标可分为日、周、月、年、5 分钟、15 分钟、30 分钟、60 分钟等各种周期。虽然各周期的威廉指标的研判有所区别，但基本原理相差不多。如日威廉指标是表示当天的收盘价在过去的一段日子里的全部价格范围内所处的相对位置，把这些日子里的最高价减去当日收市价，再将其差价除以这段日子的全部价格范围就得出当日的威廉指标。

威廉指标在计算时首先要决定计算参数，此数可以采取一个买卖循环周期的半数。以日为买卖的周期为例，通常所选用的买卖循环周期为 8 日、14 日、28 日或 56 日等，扣除周六和周日，实际交易日为 6 日、10 日、20 日或 40 日等，取其一半则为 3 日、5 日、10 日或 20 日等。

W％R 指标的计算主要是利用分析周期内的最高价、最低价及周期结束的收盘价等三者之间的关系展开的。以日威廉指标为例，其计算公式为：

W%R ＝（Hn—C）÷（Hn—Ln）×100

其中：C 为计算日的收盘价；Ln 为 N 周期内的最低价；Hn 为 N 周期内的最高价；公式中的 N 为选定的计算时间参数，一般为 4 或 14。

以计算周期为 14 日为例，其计算过程如下：

W%R（14 日）＝（H14—C）÷（H14—L14）×100

其中，C 为第 14 天的收盘价；H14 为 14 日内的最高价；L14 为 14 日内的最低价。

威廉指标是表示当天的收盘价在过去一段时间里的全部价格范围内所处的相对位置，因此，计算出的 W%R 值位于 0～100 之间。越接近 0 值，表明目前的价位越接近过去 14 日内的最低价；越接近 100 值，表明目前的价位越接近过去 14 日内的最高价，从这点出发，对于威廉指标的研判可能比较更容易理解。

另外，和其他指标的计算一样，由于选用的计算周期的不同，W%R 指标也包括日 W%R 指标、周 W%R 指标、月 W%R 指标和年 W%R 指标以及分钟 W%R 指标等各种类型。经常被用于股市研判的是日 W%R 指标和周 W%R 指标。虽然它们的计算时的取值有所不同，但基本的计算方法一样。

W%R 数值的大小。

和 KDJ 指标一样，W%R 的数值范围为 0～100。不同的是 W%R 指标是以 0 为顶部，以 100 为底部。

（1）当 W%R 在 20～0 区间时，是 W%R 指标的超买区，表明市场处于超买状态，股票价格已进入顶部，可考虑卖出。W%R ＝20 这一横线，一般视为卖出线。

（2）当 W%R 进入 80～100 区间时，是 W%R 指标的超卖区，表明市场处于超卖状态，股票价格已近底部，可考虑买入。W%R ＝80 这一横线，一般视为买入线。

（3）当W%R在20～80区间时，表明市场上多空暂时取得平衡，股票价格处于横盘整理之中，可考虑持股或持币观望。

（4）在具体实战中，当威廉曲线向上突破20超买线而进入超买区运行时，表明股价进入强势拉升行情，这是提醒投资者要密切关注行情的未来走势，只有当W%R曲线再次向下突破20线时，才为投资者提出预警，为投资者买卖决策提供参考。同样，当威廉曲线向下突破80超卖线而进入超卖区运行时，表明股价的强势下跌已经缓和，这也是提醒投资者可以为建仓作准备，而只有当W%R曲线再次向上突破80线时，投资者才真正短线买入。

W%R曲线的形状。

（1）当W%R曲线从超卖区开始向上爬升，超过80这条买入线时，说明行情可能向上突破，是开始买入的信号。

（2）当W%R曲线从超买区开始向下回落，跌破20这条卖出线时，说明行情可能向下反转，是开始卖出的信号。

（3）当W%R曲线由超卖区向上突破50这条多空平衡线时，说明股价涨势较强，可考虑短线加码买入。

（4）当W%R曲线由超买区向下突破50这条多空平衡线时，说明股价跌势较强，可考虑短线加码卖出。

W%R指标最佳参数的探讨及买卖决策。

（1）如果取6日为短期W%R指标的参数，则当W%R指标数值小于15时，就可归为W%R指标的短期超买，是短线卖出信号。

（2）如果取6日为短期W%R指标的参数，则当W%R指标数值大于85时，就可归为W%R指标的短期超卖，是短线买入信号。

（3）如果取20为中期W%R指标的参数，则当W%R指标数值小于20时，就可归为W%R指标的中期超买，是中线卖出信号。

（4）如果取20日为中期W%R指标的参数，则当W%R指标数值大于80

时，就可归为 W％R 指标的中期超卖，是中线买入信号。

（5）如果取 70 日为长期 W％R 指标的参数，则当 W％R 指标数值小于 10 时，就可归为 W％R 指标的长期超买，是长线卖出信号。

（6）如果取 70 日为长期 W％R 指标的参数，则当 W％R 指标数值大于 90 时，就可归为 W％R 指标的长期超卖，是长线买入信号。

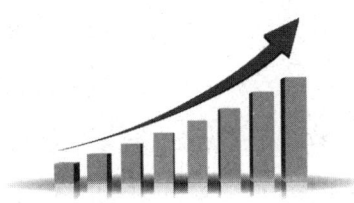

7. ARBR 指标计算

AR 指标又叫人气指标，BR 指标又叫买卖意愿指标，它们是衡量市场上多空双方力量对比变化的最重要指标。它们既可以单独使用，更多情况下是一同使用，是一种中长期技术分析工具。

股票市场上的每一个交易日都要进行多空力量的较量。正确、全面地反映每一个交易日或某一段时期内的多空双方力量的对比。在一个交易日或某一段时期，多空双方的优势是不断地交替着，双方都有可能在一定时期内占据优势。如果一定时期内多方力量占据优势，股价将会不断上升；如果一定时期内空方力量占据优势，股价则会不断下跌；多空双方力量如果大致平衡，股价在会在某一区域内窄幅波动。而市场上多方力量大，则买方气势就会比较强、卖方气势就会减弱；市场上空方力量大，则卖方气势就会比较强、买方气势就会衰弱。

因此，股价走势的变动主要是由供求双方买卖气势和多空力量的对比造成的。

AR 指标是反映市场当前情况下多空双方力量发展对比的结果。它是以当日的开盘价为基点。与当日最高价相比较，依固定公式计算出来的强弱指标。

以计算周期为日为例，其计算公式为：

N 日 AR ＝ N 日内（H－O）之和除以 N 日内（O－L）之和

其中：H 为当日最高价；L 为当日最低价；O 为当日收盘价；N 为设定的时间参数；一般原始参数日设定为 26 日。

BR 指标也是反映当前情况下多空双方力量争斗的结果。不同的是它是以前一日的收盘价为基础，与当日的最高价、最低价相比较，依固定公式计算出来的强弱指标。

BR 指标是通过比较一段周期内的收盘价在该周期价格波动中的地位，来反映市场买卖意愿程度的技术指标。

以计算周期为日为例，其计算公式为：

N 日 BR ＝ N 日内（H－CY）之和除以 N 日内（CY－L）之和

其中：H—当日最高价；L—当日最低价；CY—前一交易日的收盘价；N—设定的时间参数；一般原始参数日设定为 26 日。

由于选用的计算周期的不同，AR、BR 指标包括日 AR、BR 指标，周 AR、BR 指标，月 AR、BR 指标，年 AR、BR 指标以及分钟 AR、BR 指标等各种类型。经常被用于股市研判的是日 AR、BR 指标和周 AR、BR 指标。虽然它们的计算时的取值有所不同，但基本的计算方法一样。另外，随着股市软件分析技术的发展，投资者只需掌握 AR、BR 形成的基本原理和计算方法，无须去计算指标的数值。

ARBR 指标的应用原则：

AR 指标的单独应用。

（1）AR 值以 100 为强弱买卖气势的均衡状态，其值在上下 20 之间。亦即当 AR 值在 80～120 之间时，属于盘整行情，股价走势平稳，不会出现大幅上升或下降。

（2）AR 值走高时表示行情活跃，人气旺盛，而过高则意味着股价已进入高价区，应随时卖出股票。在实际走势中，AR 值的高度没有具体标准，一般情况下 AR 值大于 180 时（有的设定为 150），预示着股价可能随时会大幅回落下跌，应及时卖出股票。

（3）AR 值走低时表示行情萎靡不振，市场上人气衰退，而过低时则意味着股价可能已跌入低谷，随时可能反弹。一般情况下 AR 值小于 40（有的设定为 50）时，预示着股价已严重超卖，可考虑逢低介入。

（4）同大多数技术指标一样，AR 指标也有领先股价到达峰顶和谷底的功能。当 AR 到达顶峰并回头时，如果股价还在上涨就应考虑卖出股票，获利了结；如果 AR 到达低谷后回头向上时，而股价还在继续下跌，就应考虑逢低买入股票。

BR 指标的单独应用。

（1）BR 值为 100 时也表示买卖意愿的强弱呈平衡状态。

（2）BR 值的波动比 AR 值敏感。当 BR 值介于 70～150 之间（有的设定为 80—180）波动时，属于盘整行情，投资者应以观望为主。

（3）当 BR 值大于 300（有的设定为 400）时，表示股价进入高价区，可能随时回档下跌，应择机抛出。

（4）当 BR 值小于 30（有的设定为 40）时，表示股价已经严重超跌，可能随时会反弹向上，应逢低买入股票。

AR、BR 指标的配合使用。

（1）一般情况下，AR 可单独使用，而 BR 则需与 AR 配合使用才能发挥 BR 的功能。

（2）AR 和 BR 同时从低位向上攀升，表明市场上人气开始积聚，多头力量开始占优势，股价将继续上涨，投资者可及时买入或持筹待涨。

（3）当 AR 和 BR 从底部上扬一段时间后，到达一定高位并停滞不涨或开始掉头时，意味着股价已到达高位，持股者应注意及时获利了结。

（4）BR 从高位回跌，跌幅达 1/2 时，若 AR 没有警戒信号出现，表明股价是上升途中的正常回调整理，投资者可逢低买入。

（5）当 BR 急速上升，而 AR 却盘整或小幅回档时，应逢高出货。

8. CR 指标计算

CR 指标又叫中间意愿指标，它和 AR、BR 指标又很多相似之处，但更有自己独特的研判功能，是分析股市多空双方力量对比、把握买卖股票时机的一种中长期技术分析工具。在一定程度上，CR 指标具有领先股价走势的示警作用，尤其是在股价见顶或筑底方面，能比股价曲线领先出现征兆，因而对于投资者大有助益。

CR 指标同 AR、BR 指标有很多相似的地方，如计算公式和研判法则等，但它与 AR、BR 指标最大不同的地方在于理论的出发点有不同之处。CR 指标的理论出发点是：中间价是股市最有代表性的价格。

为避免 AR、BR 指标的不足，在选择计算的均衡价位时，CR 指标采用的是上一计算周期的中间价。理论上，比中间价高的价位其能量为"强"，比中间价低的价位其能量为"弱"。CR 指标以上一个计算周期（如 N 日）的中间价比较当前周期（如日）的最高价、最低价，计算出一段时期内股价的"强弱"，从而在分析一些股价的异常波动行情时，有其独到的功能。

一般来说，由于选用的计算周期不同，CR 指标也包括日 CR 指标、周 CR 指标、月 CR 指标、年 CR 指标以及分钟 CR 指标等很多种类型。经常被用于股市研判的是日 CR 指标和周 CR 指标。虽然它们计算时取值有所不同，但基本的计算方法一样。

以日 CR 指标为例，其计算公式为：

CR（N 日）＝P1÷P2×100

其中：P1＝Σ（H－YM），表示 N 日以来多方力量的总和；P2＝Σ（YM－L），表示 N 日以来空方力量的总和；H 表示今日的最高价，L 表示今日的最低价；YM 表示昨日（上一个交易日）的中间价。

CR 计算公式中的中间价其实也是一个指标，它是通过对昨日（YM）交易的最高价、最低价、开盘家和收盘价进行加权平均而得到的，其每个价格的权重可以人为地选定。目前比较常用地中间价计算方法有四种：

(1) $M = (2C + H + L) \div 4$

(2) $M = (C + H + L + O) \div 4$

(3) $M = (C + H + L) \div 3$

(4) $M = (H + L) \div 2$

其中：C—收盘价；H—最高价；L—最低价；O—开盘价。

从四种中间价的计算方法来看，对四种价格的重视程度是不一样的，三种都是选用了收盘价，可见，收盘价在技术分析中的重要性。

和其他技术指标一样，在实战中，投资者不需要进行 CR 指标的计算，主要是了解 CR 的计算方法，以便更加深入地掌握 CR 指标的实质，为运用指标打下基础。

在一般的炒股软件上，日 CR 指标主要是由日 CR 曲线和 CR 的 MA 日均线组成。其中，MA 由三条不同周期的曲线构成，分别为 MA1、MA2、MA3，它们可以选用不同的周期参数，MA1、MA2、MA3 的计算移动平均的天数，起始天数的参数一般为 5、10、20。

CR 指标的一般应用原则：

从 CR 指标的取值范围，我们可以确定其应用原则：

(1) 从 CR 的计算公式我们可以看出，CR 指标很容易出现负值，但按通行的办法，在 CR 指标研判中，一旦 CR 数值出现负值，一律当成 0 对待。

(2) 和 AR、BR 指标一样，CR 值为 100 时也表示中间的意愿买卖呈平衡状态。

(3) 当 CR 数值在 75～125 之间（有的设定为 80～150）波动时，表明股价属于盘整行情，投资者应以观望为主。

(4) 在牛市行情中（或对于牛股），当 CR 数值大于 300 时，表明股价已经进入高价区，可能随时回档，应择机抛出。

（5）对于反弹行情而言，当 CR 数值大于 200 时，表明股价反弹意愿已经到位，可能随时再次下跌，应及时离场。

（6）在盘整行情中，当 CR 数值在 40 以下时，表明行情调整即将结束，股价可能随时再次向上，投资者可及时买进。

（7）在熊市行情末期，当 CR 数值在 30 以下时，表明股价已经严重超跌，可能随时会反弹向上。投资者可逢低吸纳。

（8）CR 指标对于高数值的研判的准确性要高于 CR 对低数值的研判。即提示股价进入高价位区的能力比提示低价位区强。

CR 曲线与 CR 的 MA 曲线的关系重要的是在于 CR 曲线和 CR 的三条 MA 曲线的交叉情况的应用：

（1）当 CR 曲线和三条 MA 曲线在底部合在一起，并在一个狭窄区域（最好位于 75～150 之间）里横向移动时，表明股价在底部区域横盘筑底，此时，投资者应注意股价的动向并可以开始逢低建仓。一旦成交量开始慢慢放大，股价也缓慢向上时，投资者可以加大建仓量。

（2）当 CR 曲线开始脱离前期底部横盘的狭窄区域，并从下向上开始突破三条 MA 曲线时，表明股价的底部整理可能结束，股价的强势特征开始显现，一旦 CR 曲线向上突破最后的一条 MA 曲线时，并有比较大的成交量配合时，为较佳的买入信号。投资者应及时买入。

（3）当 CR 曲线向上突破三条 MA 曲线并快速向上攀升超过 150 数值时，表明股价的强势特征已经确立，投资者应及时短线买入或持股待涨。

（4）当 CR 曲线快速向上移动后，三条 MA 曲线也同时上扬，表明股价继续维持强势上攻态势，投资者应一路持股。

（5）当 CR 曲线经过一段较短时间的快速上升并远离前期的整理区域，而且，股价已经涨幅很大的情况下，投资者应密切留意 CR 曲线的动向。

（6）当 CR 曲线在高位（200 以上）开始向下掉头时，表明股价的强势行情即将结束，是较佳的卖出信号，投资者应及时卖出股票。

（7）当CR曲线从高位向下运动并首次跌破最上面的一条MA曲线时，表明股价的强势行情已经结束，投资者应及时清仓出局。

（8）当CR曲线从高位向下运动时，其他三条MA曲线也开始一起向下运行时，表明股价的弱势行情已经开始，投资者应以持币观望为主。

（9）当CR曲线向下突破最后一条MA曲线时，表明股价的弱势行情已经确立，股价将加速下跌，投资者应坚决持币观望。

（10）当CR曲线跌破三条MA曲线以后，股价走势将进入一个漫长的探底过程，投资者能做的事就是耐心等待，直到股价运行的弱势行情显露结束的迹象。

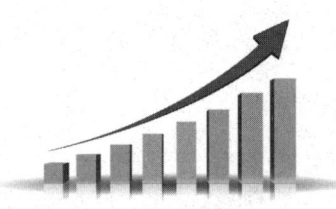

9. OBV 指标计算

OBV 指标又叫能量潮指标，是由美国股市分析家葛兰碧所创造的，是一种重点研判股市成交量的短期技术分析工具。它在一些关键的时期还可以帮助投资者挖掘到大黑马。因此，如果投资者要从市场成交量的变化中去寻找异常的个股，OBV 指标是较为理想的参考。

股市技术分析的四大要素：价、量、时、空。OBV 指标就是从"量"这个要素作为突破口，来发现热门股票、分析股价运动趋势的一种技术指标。它是将股市的人气——成交量与股价的关系数字化、直观化，以股市的成交量变化来衡量股市的推动力，从而研判股价的走势。关于成交量方面的研究，OBV 能量潮指标是一种相当重要的分析指标之一。

OBV 指标由 OBV 值和 OBV 线构成的。OBV 线方法是葛兰碧又一大贡献。他将"量的平均"概念加以延伸，认为成交量是股市的元气，股价只不过是它的表象特征而已。因此，成交量通常比股价先行。这种"先见量、后见量"的理论早已为股市所证明。

能量潮理论成立的依据重要是：

（1）投资者对股价的评论越不一致，成交量越大；反之，成交量就小。因此，可用成交量来判断市场的人气和多空双方的力量。

（2）重力原理。上升的物体迟早会下跌，而物体上升所需的能量比下跌时多。涉及到股市则可解释为：一方面，股价迟早会下跌；另一方面，股价上升时所需的能量大，因此股价的上升特别是上升初期必须有较大的成交量相配合；股价下跌时则不必耗费很大的能量，因此成交量不一定放大，甚至有萎缩趋势。

（3）惯性原则——动则恒动、静则恒静。只有那些被投资者或主力相中的热门股会在很大一段时间内成交量和股价的波动都比较大，而无人问津的冷门股,则会在一段时间内,成交量和股价波幅都比较小。

OBV 指标的计算比较简单,主要是计算累积成交量。

以日为计算周期为例,其计算公式为:

当日 OBV = 本日值 + 前一日的 OBV 值

如果本日收盘价或指数高于前一日收盘价或指数,本日值则为正;如果本日的收盘价或指数低于前一日的收盘价,本日值则为负值;如果本日值与前一日的收盘价或指数持平,本日值则不予计算,然后计算累积成交量。这里的成交量是指成交股票的手数。

和其他指标的计算一样,由于选用的计算周期的不同,OBV 指标也包括日 OBV 指标、周 OBV 指标、月 OBV 指标年 OBV 指标以及分钟 OBV 指标等各种类型。经常被用于股市研判的是日 OBV 指标和周 OBV 指标。虽然它们的计算时的取值有所不同,

但基本的计算方法一样。另外,随着股市软件分析技术的发展,投资者只需掌握 OBV 形成的基本原理和计算方法,无须去计算指标的数值,更为重要的是利用 OBV 指标去分析、研判股票行情。

关于股票指数的 OBV 值的计算方法如表 10 – 1 所示。

表 10 – 1 股票指数的 OBV 值的计算方法

日期	当日收盘指数	比前一日涨跌	成交量(手股)	累积 OBV
1	1000	+		
2	1050	+	+ 3000	+ 3000
3	1025	−	− 1500	+ 1500
4	1000	−	− 1000	+ 500
5	1030 +	+ 2000	+ 2500	
6	1070 +	+ 3000	+ 5500	

关于单个股票价格的 OBV 值的计算方法如表 10 – 2 所示。

表 10 – 2　　　　　　　　　　　单个股票价格的 OBV 值的计算方法

日期	收盘价	比前一日的涨跌	成交量（手股）	累积 OBV
1	18.80	—	—	—
2	19.20	+	+3000	+3000
3	19.40	+	+2500	+5500
4	19.10	−	−700	+4800
5	19.00	−	−800	+4000
6	19.50	+	+2000	+6000

OBV 线是将 OBV 值绘于坐标图上，以时间为横坐标，成交量为纵坐标，将每一日计算所得的 OBV 值在坐标线上标出位置并连接起来成为 OBV 线。

OBV 指标的应用原则：

（1）当 OBV 线下降而股价却上升，预示股票上升能量不足，股价可能随时下跌，是卖出股票的信号。

（2）当 OBV 线上升而股价却小幅下跌，说明市场上人气旺盛，下档承接力较强，股价的下跌只是暂时的技术性回调，股价可能即将止跌回升。

（3）当 OBV 线呈缓慢上升而股价也同步上涨时，表示行情稳步向上，股市中长期投资形势尚好，股价仍有上升空间，投资者应持股待涨。

（4）当 OBV 线呈缓慢下降而股价也同步下跌时，表示行情逐步盘跌，股市中长期投资形势不佳，股价仍有下跌空间，投资者应以卖出股票或持币观望为主。

（5）一般情况下，当 OBV 线出现急速上升的现象时，表明市场上大部分买盘已全力涌进，而买方的能量的爆发不可能持续太久，行情可能将会出现回档，投资者应考虑逢高卖出。尤其在 OBV 线急速上升后不久，而在盘面上出现锯齿状曲线并有掉头向下迹象时，表明行情已经涨升乏力，行情即将转势，为更明显的卖出信号。这点对于短期急升并涨幅较大的股票的研判更为准确。

（6）一般情况下，当 OBV 线出现急速下跌的现象时，表明市场上大量卖盘汹涌而出，股市行情已经转为跌势，行价将进入一段较长时期的下跌过程中，此时，投资者还是应以持币观望为主，不要轻易抢反弹。只有当 OBV 线经过急跌后，在低部开始形成锯齿状的曲线时，才可以考虑进场介入，作短期反弹行情。

（7）OBV线经过长期累积后的大波段的高点（即累积高点），经常成为行情再度上升的大阻力区，股价常在这区域附近遭受强大的上升压力而反转下跌。而一旦股价突破这长期阻力区的话，其后续涨势将更加强劲有力。

（8）OBV线经过长期累积后的大波段的低点（即累积低点），则常会形成行情下跌的大支撑区，股价会在这区域附近遇到极强的下跌支撑而止跌企稳。而一旦股价向下跌破这长期支撑区的话，其后续跌势将更猛。

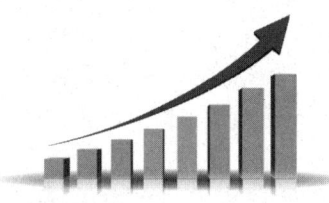

10. OBOS 指标计算

OBOS 指标又叫超买超卖指标，其英文全称是"Over Bought Over Sold"，是一种用来对大势进行分析的指标，也是投资者应掌握的一种基础性中长期技术分析工具。OBOS 反映的是股市的大趋势，对个股的走势不提出明确的结论，因此，在应用时只可将其作为大势参考指标，不对个股的具体买卖发生作用。

对某种股票的过度买入称之为超买；反之，对于某种股票的过度卖出则称之为超卖。顾名思义，"超买"就是已经超出买方的能力，买进股票的人数超过了一定比例。那么，根据"反群众心理"，这时候应该反向卖出股票。"超卖"则代表卖方卖股票卖过了头，卖股票的人数超过一定比例时，反而应该买进股票。这是在一般常态行情下，经常最被重视的反市场、反群众理论。

由于选用的计算周期不同，超买超卖 OBOS 指标包括 N 日 OBOS 指标、N 周 OBOS 指标、N 月 OBOS 指标等很多种类型。虽然它们计算时取值有所不同，但基本计算方法是一样。

以日 OBOS 指标为例，其计算公式为：

OBOS（N 日）＝ΣNA－ΣNB

其中：ΣNA 为 N 日内股票上涨家数之和；ΣNB 为 N 日内股票下跌家数之和；N 为选择的天数，是日 OBOS 指标的参数。

OBOS 指标的计算方法其实和 ADR 指标的计算方法很相似。不同的是 OBOS 指标的计算方法是选择上涨和下跌家数总数的相减，而 ADR 指标是选择两者相除。选择相除还是相减是从两方面描述多空方法的差距，本质上没有大的改变，只是计算方法和侧重不同而已。ADR 指标侧重于多空双方力量的比值变化，而 OBOS 指标是侧重于多空双方力量的差值变化。

和 ADR 指标一样，选择一定参数周期内的股票上涨和下跌家数的总和，其目的也是为了避免由于某一特定的时期内股市的特殊表现而误导判断。但与 ADR 不同的是，OBOS 指标的多空平衡位置是 0 而不是 1，也就是 $\Sigma NA = \Sigma NB$ 的时候。一般而言，OBOS 指标参数选择的不同，其市场表现也迥然两异。参数选择的小，OBOS 值上下变动的空间就比较大，曲线的起伏就比较剧烈；参数选择的小，OBOS 值上下变动的空间就比较小，曲线的上下起伏就比较平稳。目前，市场上比较常用的参数是 10、20 等。OBOS 指标计算和研判参数的选择在 OBOS 指标的研判中也同样占有重要的地位，这点在后面的研判功能中将详细介绍。

OBOS 值最简单的计算方法如表 10 - 3 所示 。

表 10 - 3 　　　　　　　　　OBOS 值最简单的计算方法

日期	上涨的家数	下跌的家数	两者之差	累计值
1	47	41	+ 6	+ 6
2	49	19	+ 30	+ 36
3	23	46	− 23	+ 13
4	12	65	− 53	− 40
5	33	29	+ 4	− 36
6	29	32	− 3	− 39
7	44	40	+ 4	− 35
8	27	50	− 23	− 58
9	30	46	− 16	− 74
10	27	48	− 21	− 95

将 OBOS 值绘于坐标图上，以时间为横坐标，OBOS 值为纵坐标，将每一个计算周期所得的 OBOS 值在坐标线上标出位置并连接起来就成为 OBOS 曲线。由于目前股市技术分析软件上的 OBOS 值是电脑自动生成的，因此，投资者不需自己计算，主要是通过了解其计算过程而达到对 OBOS 指标的熟悉。投资者

应掌握的 OBOS 指标的应用原则如下。

OBOS 指标 0 值的应用：

（1）OBOS 指标的多空平衡点是 0。当市场处于盘整市场时，OBOS 的取值应该在 0 的上下来回波动；当市场处于多头市场时，OBOS 的取值应该是正数；当市场处于空头市场时，OBOS 的取值应该是负数。

（2）当 OBOS=0 时，说明在一段时期内，多空力量处于平衡，股价指数维持窄幅盘整局面；当 OBOS>0 时，说明市场中的多头力量大于空头力量，市场属于强势格局，股价指数处于上涨行情；当 OBOS<0 时，说明市场中的空头力量大于多头力量，市场属于弱势格局，股价指数处于下跌行情。

（3）一般而言，OBOS 值距离 0 的远近说明市场上多空双方中的某一方力量比较强大。当 OBOS 值为正值且距离 0 越远，说明市场上的多头力量就越强大，多方的优势就越明显；当 OBOS 值为负值且距离 0 越远时，说明市场上的空头力量就越强大，空方占据的优势就越明显。

OBOS 指标的超买超卖现象：

（1）OBOS 值为正数时，表示市场处于多头市场；OBOS 值为负数时，表示市场处于空头市场。当 OBOS 值 >80 时，表示股指已经进入超买区，投资者要适当注意投资风险；当 OBOS 值 < -80 时，表明股指已经进入超卖区，投资者要注意把握随时出现的反转或反弹机会。

（2）OBOS 超买与超卖的具体数值没有绝对固定的标准。因为中国股市处于不断的高速扩容中，上市公司也在不断增加中，所以 OBOS 超买与超卖的具体数值也在同步变化，但总的数量标准是处于不断增加的趋势中。当 OBOS 值 >250 时，表明股指已经进入严重超买区，当 OBOS 值 < -300 时，表明股指已经进入严重超卖区。值得注意的是，虽然指标提示严重超买超卖，但投资者仍不宜立即实施操作，而是要等待 OBOS 指标出现反转信号。

（3）OBOS 指标的买卖信号。大多数情况下，OBOS 指标是在 -80 ~ 80 之间波动，这时候指标没有研判意义。当 OBOS 进入超买超卖区以后，甚至进入严重超买超卖区时，所出现的反转信号才是有效的。如果这时候 OBOS 指标出现反转，并突破 6 日 OBOS 指标均线和 0 轴线时，就是明确的买卖时机。

（4）当指数运行方向与 OBOS 指标的运行方向相同时，表明市场发展趋势将得以加强。如果两者均向上运行，则意味着后市行情仍可看多；如果两者同时下降，则意味着后市行情仍需看淡。

（5）当指数与 OBOS 指标走势出现背离特征时，投资者要随时注意大势可能反转。如果指数仍然上升，而 OBOS 指标却出现回落，说明有市场主流资金在控制少数的大盘指标股来拉抬指数，维持人气，而大多数个股已经趁机纷纷逃出，行情不久将转弱。如果股指在下跌，而 OBOS 指标却强势上升，则说明股市的下跌是由于大盘指标股被压制所造成的，这时候占权重不大个股的上升说明行情即将转暖。

（6）与 OBOS 指标计算原理相近，并且各具特色，能互为补充的主要有指数平滑广量指标（STIX）、涨跌比率（ADR）、腾落指数（ADL）。当分析大盘是否见历史性的重要顶部和底部位置时，一定要结合使用，共同研判。

第十一章　股票实战综合计算公式

1. 股票买卖收益率计算

股票收益率指投资于股票所获得的收益总额与原始投资额的比率。股票得到投资者的青睐，是因为购买股票所带来的收益。股票的绝对收益率就是股息，相对收益就是股票收益率，一般以百分比表示。

衡量股票投资收益水平的指标主要有股利收益率、持有期收益率、持有期回收率和拆股后持有期收益率等。

股利收益率又称获利率，是指股份公司以现金形式派发的股息或红利与股票市场价格的比率。该收益率可用于计算已得的股利收益率，也可用于预测未来可能的股利收益率。

持有期收益率一是指投资者持有股票期间的股息收入与买卖差价之和与股票买入价的比率。股票没有到期日，投资者持有股票的时间短则几天，长则数年。持有期收益率就是反映投资者在一定的持有期内的全部股利收入和资本利得占投资本金的比重。持有期收益率是投资者最关心的指标，但如果要将它与债券收益率、银行利率等其他金融资产的收益率作比较，须注意时间的可比性，即要将持有期收益率转化为年率。

持有期回收率是指投资者持有股票期间的现金股利收入与股票卖出价之和与股票买入价的比率。该指标主要反映投资回收情况，如果投资者买入股票后股价下跌或是操作不当，均有可能出现股票卖出价低于买入价，甚至出现持有期收益率为负值的情况，此时，持有期回收率可作为持有期收益率的补充指标，计算投资本金的回收比率。

拆股后的持有期收益率。投资者在买入股票后，在该股份公司发放股票股利或进行股票分割（即拆股）的情况下，股票的市场的市场价格和投资者持股数量都会发生变化。因此，有必要在拆股后对股票价格和股票数量作相应调整，以计算拆股后的持有期收益率。

任何一项投资，投资者最为关心的就是收益率，收益率越高获利越多，收益率越低获利越少。投资者正是通过收益率的对比，来选择最有利的投资方式的。

股票收益率计算公式为：

收益率 =（股息 + 卖出价格 – 买进价格）÷ 买进价格 × 100%

如不贴现，则：收益率 =（持收期间股息红利收入 + 卖出价格 – 买进价格）÷ 买进价格

贴现，则：收益率 =（持收期间股息红利收入 + 卖出价格 – 买进价格）× 以必要报酬率计算的复利现值系数 ÷ 买进价格

以上方法均考虑为一次分红。

【例 11 – 1】一位获得收入收益的投资者，花 8000 元买进 1000 股某公司股票，一年中分得股息 800 元（每股 0.8 元），则：

收益率 =（800 + 0 – 0）÷ 8000 × 100% = 10%

【例 11 – 2】一位获得资本得利的投资者，1 年中经过多次买进、卖出，买进共 30000 元，卖出共 45000 元，则：

收益率 =（0 + 45000 – 30000）÷ 30000 × 100% = 50%

【例 11 – 3】某位投资者系收入收益与资本得利兼得者，他花 6000 元买进某公司股票 1000 股，1 年内分得股息 400 元（每股 0.4 元），1 年后以每股 8.5

元卖出，共卖得 8500 元，则：

收益率 ＝（400 ＋ 8500 － 6000）÷6000 ×100% ＝48%

2. 股票买卖预测计算

关于股票买卖点、上涨下跌幅度的计算方法有很多，但大多缺少理论支持和实践验证。这里就简单介绍几种股票买卖的计算公式及计算方法，投资者可以在实践中作为参考。

（1）买点的计算公式：

买入预测 = 开盘 +（收盘 − 开盘）÷2

根据这种方式计算买入价的前提是当天股价出现上涨，即日 K 线以阳线报收，中阳、小阳都无所谓。

【例 11 − 4】某只股票开盘价是 15 元，收盘价是 15.80 元，那么，次日的买入价计算应为 15 +（15.80 − 15）÷2 = 15.40 元。由于该股当天涨幅较大因此次日存在回探的可能，不管回探的结果是形成下影线还是形成光脚阴线，其下跌的幅度往往是开盘价与收盘价之间的一半稍多一些，因此，次日如果在 15.45 元至 15.50 元挂单买入，成交的可能性较大。

（2）卖出价位的计算公式：

卖出预测 = 收盘价 +（开盘价 − 收盘价）÷2

根据这种测算方法计算出的卖出价位虽然成交率较高，但不一定是最高价，而且这种测算方法需要的前提是当日股价 K 线应为阴线。

【例 11 − 5】某只股票开盘价为 10.20 元，当日股价下跌，收盘价为 9.60 元，那么次日卖出价计算应为 9.60 +（10.20 − 9.60）÷2 = 9.90（元）。

（3）上涨与下跌幅度的计算公式：

上涨幅度 = 收盘价 + （最高价 - 最低价）÷ 2 × n

下跌幅度 = 收盘价 - （最高价 - 最低价）÷ 2 × n

n 为变量，即（最高 - 最低）÷ 2 的倍数，上涨空间预测常见 n 为（2 或 3），下跌空间预测常见 n 为 1。

例：某股票开盘 8.69 元，最高 8.85 元，最低 8.43 元，收盘 8.59 元。

预测次日相对高点：

第二日上涨空间预测 = 8.59 + （8.85 - 8.43）× 2 = 9.43 （元）

第二日下跌空间预测 = 8.59 - （8.95 - 8.43）= 8.17 （元）

四、预测明日移动平均线的计算公式：

（当日收盘价 - 前 5 日收盘价）÷ 5 + 当日 5 日均价 = 预测明日的 5 日移动平均线的价

（当日收盘价 - 前 10 日收盘价）÷ 10 + 当日 10 日均价 = 预测明日的 10 日移动平均线的价

（当日收盘价 - 前 20 日收盘价）÷ 20 + 当日 20 日均价 = 预测明日的 20 日移动平均线的价

以此类推，可算出 60 日、120 日、240 日的明天移动平均线的价位，由此得到明天的走势。

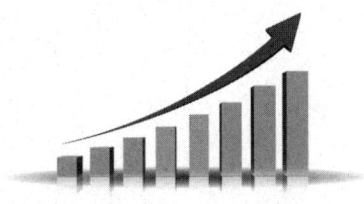

3. 股票涨停跌停计算

涨跌停板制度源于国外早期证券市场，是证券市场上为了防止交易价格的暴涨暴跌，抑制过度投机现象，对每只证券当天价格的涨跌幅度予以适当限制的一种交易制度，即规定交易价格在一个交易日中的最大波动幅度为前一交易日收盘价上下百分之几，不过，在涨限价或跌限价上并不停止买卖，交易继续进行，只是价格不变而已。一般情况下，为了避免股票的过分波动与投机，有关部门才会设立涨跌幅度。

从 1996 年 12 月 16 日起，深交所、上交所对上市的股票、基金的交易实行涨跌幅限制在 10% 以内，此后，深沪证券交易所还对挂牌上市特别处理的股票（ST 股票）实行涨跌幅度限制为 5% 的规定，对 PT 处理的股票实行涨幅 5% 限制，跌幅不受限制的规定。

具体来说就是，普通 A 股的涨停/跌停幅度为 10%；股票前带 S 、ST 、＊ST 之类的股票的涨停/跌停幅度为 5%；另外需要注意的是有几种情况是不设涨停/跌停限制的。

比如，新股发行当日、股票停牌后复牌（恢复上市）的当日，此等情况下不做涨停/跌停。沪深两市某只股票在前一交易日收盘价的基础上，限定上下10% 浮动，上涨 10% 为涨停，下跌 10% 为跌停，每天都可以涨停/跌停 10%；ST 和 ＊ST 开头的是 5% 的涨停/跌停限制；新股（N 开头的）上市的第一天不受 10% 的涨停/跌停限制。

这里牵扯到了收盘价的问题，那么收盘价是怎样计算的呢？

深市涨跌限制实施前一交易日起，每天公布的每只证券收盘价计算方式为：

收盘价 = 最后一分钟每笔成交价格 × 成交数量/最后一分钟的总成交量

与深市不一样，沪市当日证券最后一笔成交价为收盘价。

涨停价与跌停价的计算公式为：

涨停价 =（前一天的收盘价 × 10%）+ 前一天的收盘价

跌停价 = 前一天的收盘价 -（前一天的收盘价 × 10%）

【例 11 - 6】一只普通 A 股股票股价为 15 元每股，那么它的涨跌停价位分别是多少？

套用公式计算：

涨停价 = 15 × 10% + 15 = 16.5（元）

跌停价 = 15 - 15 × 10% = 13.5（元）

4. 庄家持仓量计算

跟庄是投资者在股市中赚取较高利润的不二法门，因而把握庄家持仓量也就变得格外重要，那么怎样才能计算出庄家的持仓量呢？

一般情况下，无论是短线、中线还是长线庄家，其控盘程度最少应该在20%以上，只有控盘达到20%以上的股票才做得起来。如果控盘达不到20%，原则上是不可能坐庄的。如果控盘在20% ~ 40%之间，股性最活，但浮筹较多，上涨空间较小，拉升难度较高；如果控盘量在40% ~ 60%之间，这种股票的活跃度更好，空间更大，这个程度就达到了相对控盘，大多数庄家都是中线庄家；若超过60%的控盘量，则活跃程度较差，但空间巨大，这就是绝对控盘。大黑马大多产生于这种控盘区。一般来说控盘度是越高越好，因为个股的升幅与持仓量大体成正比关系。也就是说，一只股票的升幅，一定程度上由介入的资金量的大小决定，庄家动用的资金量越大，日后的升幅越可观。

实践中，我们可以看到一只股票的筹码从流动到稳定分布是这样的：30%是浮动筹码，最容易流动；接下来20%是相对稳定，只有大涨或大跌时才会卖出；再下来15%的稳定部分，只有涨的时间长了才卖出；后面的15%更稳定，只有技术形态变坏了才卖出；最后20%是长期稳定，涨也不卖，跌更不卖，基本上处于死亡状态。

所以，如果跟庄做短线，最好是跟持仓量30%左右的，如果做中线，就跟持仓量60%左右的。而要做到这一点，就要能对庄家的持仓总量进行准确判断。

在判断庄家持仓量时一般可以用以下几种方法。

（1）换手率计算。用换手率计算是一种最直接有效的方法。在许多情况下，如果股价处于低价位区域时，成交相当活跃、换手率很高，但股价的涨幅却很小，一般都是属于庄家的吸筹行为，就这方面因素来说，股价在低位区域换手率越大，表明庄家吸筹就越充分，这点也提醒投资者应该重点关注那些股价在低位落后于成交量变化的个股，它们将是下一阶段机会较多的一批个股。

换手率的计算公式为：

换手率 = 成交量 ÷ 流通盘 × 100%

在用换手率计算庄家持仓量时，成交量主要是指从庄家开始建仓到开始拉升时的这段时间的换手率，那么怎样确认庄家开始建仓呢？参考周 K 线图的 K 线均线系统由空头转为多头排列，证明有庄家介入，周 MACD 指标金叉可以认为是庄家开始建仓的标志，周均线参数可设定为 5 周、10 周、20 周。

一般股价在上涨时，庄家所占的成交量比率大约是 30%，而在股价下跌时，庄家所占的比率大约是 20%。但股涨上涨时放量，下跌时缩量，假设放量/缩量 = 2/1，可以得出一个推论：假设某股上涨时换手 200%，刚下跌时换手 100%，这段时间总换手率为 300%，则可得出庄家在这段时间内的持仓量 = 200% × 30% − 100% × 20% = 40%，即庄家在换手率达到 300% 时，其持仓量才达到 40%，也就是每换手 100% 时，其持仓量为 13.3%。从 MACD 指标金叉的那一周开始，到所计算的那一周为止，把所有各周的成交量加起来再除以流通盘，可得出这段时间的换手率，然后再把头这个换手率乘以 13.3%，得出的数字即为庄家的控盘度。一个中线庄家的换手率应在 300% ~ 450% 之间，只有足够的换手，庄家才能吸足筹码。

一般而言，当换手总率达到 200% 时，庄家会加快吸筹，拉高建仓，因为低价筹码已经没有了，这是短线介入的良机。而当换手总率达到 300% 时，庄家基本已吸足筹码，接下来是庄家急速拉升或强行洗盘，应从盘口去把握主力的动向，切忌盲目冒进而被动地使投资由短线变为中线。

（2）吸货时间计算。对吸货期很明显的个股，简单算法是将吸货期内每天的成交量乘以吸货期，即可大致算出庄家的持仓量。庄家持仓量 = 吸货期 × 每天成交量（忽略散户的买入量）。吸货期长，庄家的持仓量越大；每天成交量越大，庄家吸货越多。

而对于一些吸货期非常明显的个股，可较为准确地测算庄家持仓量，其公式为：

持仓量 = （吸货期 × 吸货期每天平均成交量 ÷ 2） – （吸货期 × 吸货期每天平均成交量 ÷ 2 × 50%）

从公式中可以看出，吸货期越长，庄家持仓量就越大；每天成交量越大，庄家的吸货也就越多。

【例 11 – 7】某股周均线出现金叉，5 周、10 周、20 周均线呈多头排列，期间每天平均成交量为 121479 手。26 周后计算其持仓量为：

持仓量 = （130 × 12147900 ÷ 2） – （130 × 12147900 ÷ 2 × 50%） = 394806750（股）

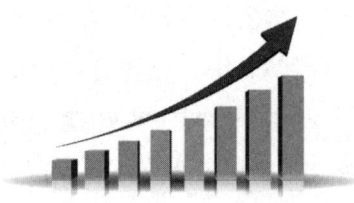

5. 庄家持仓成本计算

对于投资者来说，计算庄家的成本至关重要，因为根据庄家成本，可以判断庄家有无获利空间以及获利大小，若目前价位庄家获利微薄，则该股股价上升空间巨大；若目前价位庄家已有丰厚的利润，那投资者就要提高警惕，庄家随时可能出逃。

要判断庄家成本，首先要弄清庄家成本包括的内容。比如进货成本，利息回扣成本，公关成本，交易成本等。

进货成本。庄家资金量大进场时必然会耗去一定吸筹资金，这部分是庄家的进货成本。

利息成本也叫融资成本。除了少数自有资金充足的机构外，大多数庄家的资金都是从各种渠道筹集的短期借贷资金，要支付的利息服高，有的还要从坐庄赢利中按一定比例分成。因此坐庄时间越久利息支出越高，持仓成本也就越高，有时庄家贷款到期，而股票又没有获利，那只好再找资金，拆东墙补西墙了，或者被迫平仓出局。

拉升成本。大多多数庄家需要盘中对倒放量制造股票成交活跃的假象，因此仅交易费用一项就花费不少。另外庄家还要准备护盘盗金在大盘跳水或者技术形态变坏时进行护盘有时甚至要高买低卖。

公关成本。庄家的公关优势包括多层，而主要有管理层、券商、银行、上市公司、中介机构等，这些机构的重要性是不言而喻的，庄家也应为此付出必要成本，否则坐庄就很难做上去。

交易成本。尽管庄家可享受高额佣金返还，但庄家的印花税还是免不了的，这笔费用不得不计入持仓成本之中。

一般来说，庄家若通过长期低位横盘来收集筹码，所以底部区间最高价和最低价的平均值就是庄家筹码的大致成本价格，此外，圆形底、潜伏底等也可以用此方法测算持仓成本。庄家若是通过拉高吸筹的，成本价格会更高一些。

在最低价位之上的成交密集区的平均价就是庄家建仓的大致成本，通常其幅度大约高于最低价的 15%～30%。以最低价为基准，低价股在最低价以上 0.5～1.5 元左右，中价股在最低价以上 1.5～3.0 元左右，高价股在最低价以上 3.0～6.0 元左右。

一般而言，中线庄家建仓时间大约在 40～60 天，即 8～12 周，取其平均值为 10 周，则从周 K 线图上，10 周均价线我们可客观认为是主力的成本区这种算法有一定的误差，但不会偏差 10%。作为一个庄家，其操盘的个股升幅最少在 50% 以上，多数为 100%。一般而言，一个股票从一波行情的最低点到最高点的升幅若为 100%，则庄家的正常利润是 40%。

庄家持仓的计算公式为：

庄家持仓成本 =（最低价 + 最高价 + 最平常的中间周的收市价）÷3

选项择吸货期内趋中的最低价与最高价再加上平均价之总和，然后再除以 3，这种方法简单实用。一般吸货建仓越长则利息、人工、公关、机会成本都会增加。一般要略为上浮 15% 以下，如有达到两三年的建仓庄家时，则成本合算要再加上 20%～35% 为宜，一般 1 年取用 10% 较合适。

另外对于老股，在出现明显的大底部区域放量时，可作为庄家建仓的成本区，具体计算办法是计算每日的换手率，直到统计至换手率达到 100% 为止，以此时的市场平均价，作为庄家持仓成本区。对于新股，很多庄家选择在上市首日就大量介入，一般可将上市首日的均价或上市第一周的均价作为庄家的成本区。

【例 11-8】某股周均线出现金叉，5 周、10 周、20 周均线呈多头排列，33 周后股价迅速向上拉升，期间该股票最高价为 14.39 元，最低价为 11.26 元，中间周平均价为 13.15 元，则，

庄家持仓成本 =（14.39 + 11.26 + 13.15）÷3 = 12.93（元）

6. 股票补仓成本计算

补仓是被套牢后的一种被动应变策略，它本身不是一个解套的好办法，只是在某些特定情况下它是最合适的方法。因此投资者应把握其成本计算方法，严格控制成本，以免越套越深。

所谓补仓是指投资者所购买的股票，在跌破买入价之后再次购买该股票或基金的行为。补仓以更低的价格购买该股票，使单位成本价格下降，以期在补仓之后反弹抛出，将补仓所买回来的股票所赚取的利润弥补高价位股票的损失。

原先高价买入的股票，由于跌得太深，难于回到原来价位，通过补仓，股票价格无需上升到原来的高价位，就可实现平本离场。但是补仓也存在很大的风险：虽然补仓可以摊薄成本价，但股市难测，补仓之后可能继续下跌，将扩大损失。

投资者应把握补仓的前提：跌幅比较深，损失较大；预期股票即将上升或反弹。

补仓后成本价的计算公式为：

补仓后成本均价 ＝（前期每股均价×前期所购股票数量＋补仓每股均价×补仓股票数量）÷（前期股票数量＋补仓股票数量）

【例 11 - 9】某投资者原有 1000 股，买入成本价是 25.5 元/股，现在股价跌至 19.80 元 1 股，为了挽回损失，该投资者以 19.80 元每股的价位买进 800 股，手续费忽略不计，则补仓后成本价为：

补仓后成本价 =（25.50 × 1000 + 19.80 × 800）÷（1000 + 800）= 22.97（元／股）

【例 11 - 10】一位投资者在股价 10 元时买入某股票 10000 股。过了 4 个交易日，该股票已跌至 5 元。这时投资者预期该股将会上升或反弹，再买入 10000 股。但后市股票并未上涨，而是继续下跌至 4 元。

则：

补仓成本价 =［（10 × 10000）+（5 × 10000）］÷（10000 + 10000）
　　　　　 = 7.5（元）

股票继续下跌后，补仓所造成的损失 =（5 - 4）× 10000 = 10000（元）

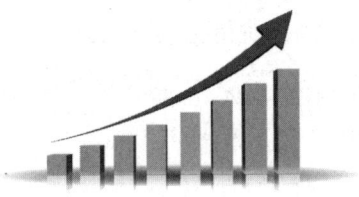

7. 股票量比计算

量比是衡量相对成交量的指标。它是指股市开市后平均每分钟的成交量与过去 5 个交易日平均每分钟成交量之比。量比这个指标所反映出来的是当前盘口的成交力度与最近五天的成交力度的差别，这个差别的值越大表明盘口成交越趋活跃。

其计算公式为：

量比＝现成交总手 ÷（过去 5 日平均每分钟成交量 × 当日累计开市时间（分））

量比数值是一种比值，所以说起量比是以倍为单位的，而量比与换手率并没有直接关系，从量比的计算公式中也可以看出，所以量比与换手率是一个相对的概念，也就是如果近期换手率处于很低迷的状态地量状态时，即使量比达到几十倍或上百倍，全天收盘结束后当天的换手率也可能不是很高；若近期换手率很高时，即使几倍的量比也可能比较大，在全天收盘结束后，换手率也会很大。

量比的比值可以作为股票买卖的参考，一般来说：

量比为 0.7 ~ 1.5 倍，则说明成交量处于正常水平；

量比在 1.5 ~ 2.5 倍之间则为温和放量，如果股价也处于温和缓升状态，则升势相对健康，可继续持股，若股价下跌，则可认定跌势难以在短期内结束，从量的方面判断应可考虑停损退出；

量比在 2.5 ~ 5 倍，则为明显放量，若股价相应地突破重要支撑或阻力位置，则突破有效的几率颇高，可以相应地采取行动；

量比达 5 ~ 10 倍，则为剧烈放量，如果是在个股处于长期低位出现剧烈放量突破，涨势的后续空间巨大，是"钱"途无量的象征，东方集团、乐山电力在 5 月份突然启动之时，量比之高令人讶异。但是，如果在个股已有巨大涨幅的情况下出现如此剧烈的放量，则值得高度警惕。

量比达到 10 倍以上的股票，一般可以考虑反向操作。在涨势中出现这种情形，说明见顶的可能性压倒一切，即使不是彻底反转，至少涨势会休整相当长一段时间。在股票处于绵绵阴跌的后期，突然出现的巨大量比，说明该股在目前位置彻底释放了下跌动能。

量比达到 20 倍以上的情形基本上每天都有一两单，是极端放量的一种表现，这种情况的反转意义特别强烈，如果在连续的上涨之后，成交量极端放大，但股价出现"滞涨"现象，则是涨势行将死亡的强烈信号。当某只股票在跌势中出现极端放量，则是建仓的大好时机。

量比在 0.5 倍以下的缩量情形也值得好好关注，其实严重缩量不仅显示了交易不活跃的表象，同时也暗藏着一定的市场机会。缩量创新高的股票多数是长庄股，缩量能创出新高，说明庄家控盘程度相当高，而且可以排除拉高出货的可能。缩量调整的股票，特别是放量突破某个重要阻力位之后缩量回调的个股，常常是不可多得的买入对象。

涨停板时量比在 1 倍以下的股票，上涨空间无可限量，第二天开盘即封涨停的可能性极高。在跌停板的情况下，量比越小则说明杀跌动能未能得到有效宣泄，后市仍有巨大下跌空间。

当量比大于 1 时，说明当日每分钟的平均成交量大于过去 5 日的平均值，交易比过去 5 日火爆；当量比小于 1 时，说明当日成交量小于过去 5 日的平均水平。

【例 11 - 11】某个交易日上午 10：00 时成交量为 1860 手，用时为半小时，过去 5 个交易日总成交量为 45850 手，则：

量比 = 现在总手数 ÷ [（5 日平均总手数 ÷240） ×当前已开市多少分钟]
（240 = 4 个交易小时 ×60 分钟）

　　 = 1860 ÷ [（过去 5 日平均每分钟成交量 ×当日累计开市时间（分）]

　　 = 0.32

8. 散户跟风系数计算

散户跟风系数用于衡量散户的跟风程度，因为在股市中，散户的疯狂跟风行为往往就预示着行情的反转，而散户跟风的越少，也就说明了主力已高度介入，拉升的机会很大。因此，在研判主力行为时，跟风系数绝对值越小越容易判断主力的动向。当散户跟风系数的绝对值在 3 以内，可以看出当天的交易为大资金推动，上涨的潜力就越大；相反绝对值越大，说明散户主导性行情，后市调整的动力越大；散户跟风系数是正数且大，说明散户跟进的多；反之，系数是负数，散户在出货。

在股市中，主力和散户往往是对立面，如果某只股票主力介入的程度大，那么散户介入的程度就相对较小，反之亦然。简单地说，主力吸筹完毕，准备拉升时，散户的成交比例往往是相对较小的，而主力拉升完毕出货时，散户成交比例往往是相对较大的。因此，如果当我们在分析大单时遇到障碍，从小单分析上却往往能出奇制胜。

散户跟风系数用于衡量散户的跟风程度，因为在股市中，散户的疯狂跟风行为往往就预示着行情的反转，而散户跟风越少，也就说明了主力已高度介入，拉升的机会很大。因此，在研判主力行为时，跟风系数绝对值越小越容易判断主力的动向。当散户跟风系数在绝对值在 3 以内，可以看出当天的交易为大资金推动，上涨的潜力就越大；相反绝对值越大，说明散户主导性行情，后市调整的动力越大。

散户跟风系数的计算公式为：

散户跟风系数 =（小买单 – 小卖单）÷总手×100

（1）散户跟风系数，在 60 以上并且股票上涨，这是散户行情；

（2）散户跟风，在 30 以下并且股票上涨，这是主力拉抬的结果，说明抛压

性的卖单不多;

（3）散户跟风，在负的30以下并且股价下跌，可能是是主力故意打压或者出货;

（4）散户跟风，在负的60以上并且股价下跌，则为散户抛售。

【例11-12】某股票日成交明细中小单成交统计显示，小单买入比例为15.77%，卖出比例为20.38%，则:

散户跟风系数 =（15.77% - 20.38%）×100 = 4.61

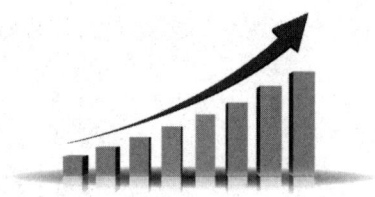

10. 筹码穿透率计算

筹码穿透率是描述穿越筹码空间的指标，市场含义是当日股价穿越筹码分布空间的能力。当庄家吸筹充分时通常形成一个密集峰，在右窗口的筹码分布显示就是长长的一个山峰。庄家要启动，必然要上穿这一密集区，而上穿这一密集区所用的成交量越少越证明庄家实力强。

筹码穿透率的计算公式：

筹码穿透率 = 每天解套的筹码数量 ÷ 当日的换手率

换手率越低，穿透率数值就越大，筹码的通透性就很好，很容易穿上去；如果穿透率越低，说明这个筹码的通透性就越弱，必须用很大的换手率才能穿越筹码密集区，说明这个时候的抛压是很大的。

在判断大盘顶部市场承接力时，我们用的是向下的筹码穿透率，可用取值小于 0 表示，如果数值大，说明市场弱，下档接盘弱，容易向下变盘。而反过来，我们也可用向上的筹码穿透率，即取值大于 0 来描述寻找解套无抛压的强势股票，可用于监控主力控盘度较高的股票。

【例 11 - 13】洪都航空（600316）2005 年 6 月 8 日和 2005 年 6 月 22 日的筹码穿透率分别达到了 26.9% 和 30.8%，这两天虽然没有出现长阳，但是说明了这个地区是筹码密集区而且是轻松穿越，经过一段时间横盘整理后从 6 元附近涨至了近 11 元。

第十二章 股指期货常用计算公式

1. 股指期货强行平仓保证金计算

强行平仓制度是期货市场化解风险的有效控制措施之一。当期货交易所会员或客户的交易保证金不足且未在规定时间内补足，或者当会员或客户的持仓量超出规定的限额时，或者会员、客户违规时，为了防止风险进一步扩大，交易所对会员或期货公司对客户实行强行平仓。

以买入一手沪深300股指期货为例，假设合约面值为100万元，合约规定的期货保证金为12万元。如果市场价格下跌6%，投资者亏损6万元，当日结算后投资者需要往资金账户中补足12万元，若投资者不能在合约规定的时间内补足交易保证金，则该交易头寸将会被期货公司强行平仓。

股指期货操作风险巨大，投资者必须掌握基础知识，并制定稳妥的交易计划。

设期货交易所要求的保证金比率为λZ，期货公司收取的保证金比例为λF，I1为开仓时的股指期货点位，I2为强平点处的股指期货点位，C为股指期货的合约乘数，N为投资者买入的股指期货手数。假如开始是满仓买入，在价格朝不利方向变动时I2 < I1，这时投资者亏损的绝对值 =（I1 − I2）CN。一般情况下，期货公司的强行平仓线都设置在按照期货交易所保证金比率收取的保证金水平上。

而强平点保证金计算公式可以推导为：

强平点保证金 ＝ 持仓保证金 × （交易所保证金比例 ÷ 期货公司保证金比例）

【例 12 - 1】假设有投资者在沪深 300 指数期货收盘时以 4058 点买入 5 张沪深 300 指数期货合约，在交易所保证金比例 $\lambda Z = 0.10$ 的情况下，期货公司加收两个百分点，实收保证金比例为 $\lambda F = 0.12$。

则：

开仓保证金为：$4058 \times 300 \times 0.12 \times 5 = 730440$（元）

强平点保证金为：$730440 \times （0.10 \div 0.12） = 608700$（元）

而对于满仓买入的投资者来说，当沪深 300 指数期货相对开仓点下跌 2.22% 时，就触发了强平点。而对于满仓卖出的投资者来说，当沪深 300 指数期货相对开仓点上涨 1.82% 时，就触发了强平点。可见，根据目前指数的波动幅度，满仓卖出操作，几乎天天可能触发强平。

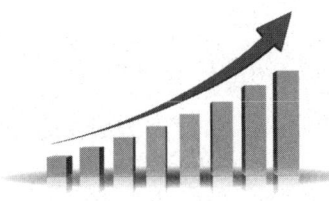

2. 股指期货保证金计算

投资者在进行期货交易时，必须按照其买卖期货合约价值的一定比例来缴纳资金，作为履行期货合约的财力保证，然后才能参与期货合约的买卖。这笔资金就是我们常说的保证金。

保证金的计算公式为：

$$持仓保证金 = 股指期货动态价位 \times 合约乘数 \times 买卖手数 \times 保证金比例$$

下面我们详述一下股指期货保证金制度计算方法。假如交易所收取的保证金比例是12%，一般情况下，期货公司要在交易所保证金比例基础上增加几个百分点。

【例 12 - 2】假设 IF1005 合约的保证金率为 12%，合约乘数为 300，那么，按 IF1005 某日结算价 3264.55 点计算，投资者交易该期货合约，每张需要支付的保证金应该是：

$$3264.55 \times 300 \times 0.12 = 117523.8 （元）$$

12%的保证金比例使交易风险放大数倍，这也就意味着收益风险成倍放大，由此投资者需要加强风险控制。交易所和期货公司有完备的风险控制制度，其中最主要的就是强制平仓制度。当投资者的总权益（总资产）仅够期货公司要求的保证金水平时，期货公司会通知投资者及时追加保证金，但如果行情变化极快，导致客户总资金仅达到交易所规定的保证金比例时，期货公司就要强平一定数量持仓，使投资者的保证金达到合理水平。

3. 股指期货合理开仓量计算

股指期货投资者应该首先明确这样的道理；合理运用资金和计算开仓量只与可允许损失（亏损）的资金有关，而不是你所拥有的开户保证金，错误的方法是以所拥有的资金比例来计算开仓量。如果没有正确的计算方法则风险控制亦无从谈起。

一些投资者往往因为开仓过量造成资本承受不起价格的反复而被迫砍仓，为了最大限度地避开这种风险，投资者应该从建仓的开始就根据风险控制的要求，把开仓量限定在合理的范围内，这是系统交易中风险控制的第一步。

在系统交易的前提下，开仓量与风险成正比（当然也和收益成正比）。在设定止损的前提下，风险控制的途径主要是开仓量控制，控制了开仓量也就控制了风险。这就涉及了风险控制率的计算：

风险控制率 ＝ 允许亏损金额 ÷ 投资总额 × 100%

风险是不可避免的，科学的投资心理应该是在每次交易时都要有亏损的准备，准备亏损多大，是个相对于投资资本的比例数。风险控制率其实也是一个主观指标，在科学确定的前提下，投资人自身的人性特征也是抉择条件，譬如，激进型的投资人显然就比保守型的投资人更倾向于较高的风险控制率。

那么对于一般投资者来说，风险控制率设定多大为好呢？肯定不能是100%，如果是100%则一次亏损就把投资全亏掉了，就无法再翻身。30% ~ 50%的风险控制率对于投资者来说仍是太高，如果你的交易系统或者交易体系不存在连续失误的可能性，你还要保证出现亏损的次数间隔不要太近。风险控制率在很大程度上取决于投资者个人的交易水平，因此只能说越低越好。

弄清了风险控制率的概念，接下来就该说一下合理开仓量的计算。合理开仓量的计算公式为：

合理开仓量 = 允许损失的投资资金额度 ÷ 每手开仓预期损失金额

其中：允许损失的投资资金额度 = 投资资金总额 × 风险控制率

每手开仓预期损失金额 = ｜开仓价格 – 止损价格｜× 每手合约标准容量

【例 12 – 3】某投资者在 2 月 28 日买进 3 月沪深 300 指数期货 1 张（10 手），开仓买入价格为 3500 点，止损价格为 3450 点，现有总资金为 600000 元，风险控制率为 8%，则合理开仓量为：

允许损失的投资资金额度 = 投资资金总额 × 风险控制率

= 600000 元 × 8%

= 48000 元

每手开仓预期损失金额 = ｜开仓价格 – 止损价格｜× 每张合约标准容量

= ｜3500 – 3450｜× 10

= 500（元/手）

（风险控制）开仓量

= 允许损失的投资资金额度 ÷ 每手开仓预期损失金额

= 48000 元 ÷ 500 元/手

= 96（手）

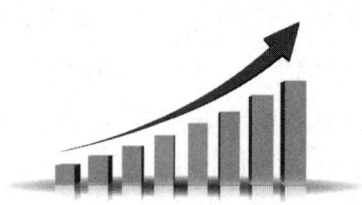

4. 股指理论价格计算

对股指期货合约进行理论上的定价，是投资者做出买入或卖出股指期货合约决策的重要依据，股指期货的理论定价基础是无风险套利原理。

根据无风险套利原理，可以得出股指期货合约的理论价格，用公式表示为：

股指期货理论价格＝股价指数×〔1＋（年利息率－年平均股息率）×距合约到期天数÷360〕

由上述公式可以看出，影响股指期货理论价格的因素有以下几个：

（1）股价指数。其他条件不变时，现货市场股价指数越高，股指期货的理论价格越高。

（2）离股指期货合约到期的时间。其他条件不变时，离股指期货合约到期的时间越长，股指期货的理论价格越高。

（3）利息率。此处的利息率一般是指借款方无信用风险的利息率。其他条件不变时，利息率越高，股指期货的理论价格越高。

（4）股息率。其他条件不变时，股息率越低，股指期货的理论价格越高。

投资者必须明确一点，除了上述因素外，股指期货市场的供求关系、交易费用、借贷款利率的不一致以及是否允许现货卖空等因素，也会影响股指期货合约的定价，使股指期货的实际价格不一定能恰好等于股指期货的理论价格。

此外，股指期货的理论价格还可以借助基差的定义进行推导。根据定义，基差＝现货价格－期货价格，也即：基差＝（现货价格－期货理论价格）－（期货价格－期货理论价格）。前一部分可以称为理论基差，主要来源于持有成本（不考虑交易成本等）；后一部分可以称为价值基差，主要来源于投资者对股指期货价格的高估或低估。因此，在正常情况下，在合约到期前理论基差必然存在，而价值基差不一定存在；事实上，在市场均衡的情况下，价值基差为零。

上面所说的持有成本是指投资者持有现货资产至期货合约到期日必须支付的净成本，即因融资购买现货资产而支付的融资成本减去持有现货资产而取得的收益。以 F 表示股指期货的理论价格，S 表示现货资产的市场价格，r 表示融资年利率，y 表示持有现货资产而取得的年收益率，△t 表示距合约到期的天数，在单利计息的情况下股指期货的理论价格计算公式也可以表示为：

$$F = S \times [1 + (r - y) \times \triangle t \div 360]$$

【例 12 - 4】如果沪深 300 股票指数为 1850 点，1 年期融资利率 5%，持有现货的年收益率 2%，以沪深 300 指数为标的物的某股指期货合约距离到期日的天数为 120 天，则该合约的理论价格为：

$$1850 \times [1 + (5\% - 2\%) \times 120 \div 360] = 1868.5 \ (点)$$

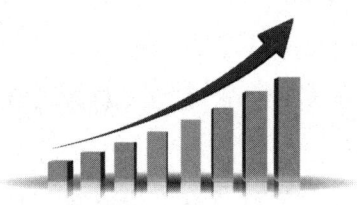

5. 股指期货合约当日盈亏计算

期货合约是以当日结算价作为计算当日盈亏的依据。国际市场上有四种方法来获取当日结算价，分别是：收盘时段集合竞价；收盘前一段时间成交量加权价；收盘价；收盘时刻最高与最低卖出价的平均价，按最小波动价位取整。

而在《中国金融期货交易所结算细则》（征求意见稿）中，当日结算价采用该期货合约最后一小时按成交量加权的平均价。原因是为了防止市场可能的操纵行为以及避免日常结算价与期货收盘价、现货次日开盘价的偏差太大。

最后一小时无成交的，取前一小时成交价格按成交量加权的平均价作为当日结算价。该时段仍无成交的，则再往前推一小时。以此类推。当日交易时间不足一小时的，则取全时段成交量加权平均价作为当日结算价。

当日无成交价格的，合约当日结算价为：

合约结算价 = 该合约前一交易日结算价 + 基准合约当日结算价 – 基准合约前一交易日结算价

其中，基准合约为当日有成交的离交割月最近的合约。

如果该合约为新上市合约且上市首日无成交，则当日结算价计算公式为：

合约结算价 = 该合约挂盘基准价 + 基准合约当日结算价 – 基准合约前一交易日结算价

采用上述方法仍无法确定当日结算价或计算出的结算价明显不合理的，中金所有权决定当日结算价。

具体计算公式如下：

当日盈亏 = ∑ ［（卖出成交价 – 当日结算价）× 卖出量］ + ∑ ［（当日结算价 – 买入成交价）× 买入量］ + （上一交易日结算价 – 当日结算价）× （上一交易日卖出持仓量 – 上一交易日买入持仓量）

当日盈亏在当日结算时进行划转，盈利划入结算准备金，亏损从结算准备金中划出。

【例 12 – 5】一位投资者在上一交易日持有某股指期货合约 15 手多头持仓，上一交易日的结算价为 1495 点。当日该投资者以 1500 点的成交价买入该合约 10 手多头持仓，又以 1505 点的成交价卖出平仓 5 手，当日结算价为 1510 点，则当日盈亏具体计算如下：

当日盈亏 = （1505 – 1510）× 5 + （1510 – 1500）× 10 + （1495 – 1510）× （0 – 15）= 300 （点）

如果该合约的合约乘数为 300 元/点，则该投资者的当日盈亏为 300 点 × 300 元/点 = 90000 （元）

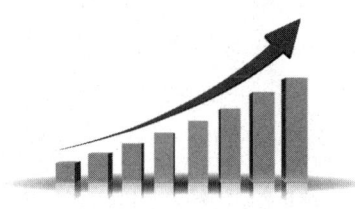

6. 套期保值期货合约计算

套期保值是一种规避风险的行为，是指为暂时替代未来现金头寸或抵消当前现金头寸所带来的风险而采取的头寸状态。在各种可用于套期保值的金融衍生工具中，期货合约是最常见的保值品种。对于股指期货而言，利用与现货部位方向相反的期货部位的对冲交易，投资者可达到规避股票市场系统性风险的目的。

具体地来说，套期保值就是在现货市场买入或卖出一定数量股票的同时，在股指期货市场卖出或买入与股票现货品种相关、数量相当但方向相反的股指期货合约，从而利用一个市场的盈利来弥补另外一个市场的亏损，最终达到规避现货股票市场波动风险的目的。

利用股指期货进行保值的步骤如下：

（1）计算出持有股票的市值总和。

（2）以到期月份的期货价格为依据算出进行套期保值所需的合约个数。例如，当日持有 20 种股票，总市值为 129000 美元，到期日期货合约的价格为 130.40，一个期货合约的金额为 130.40 × 500 = 65200（美元），因此，需要出售两个期货合约。

（3）在到期日同时实行平仓，并进行结算，实现套期保值。

这就涉及期货合约数量的计算问题。

假设现货价格与期货价格之间呈现同方向同幅度的变动。因此，如果投资者买入一单位现货，就必须同时卖出一单位期货；反之亦成立。此时，避险比率固定为 1。利用套保比率，我们即可计算出为现货做对冲所需要的期货合约的数量，其计算公式为：

对冲所需股指期货合约数量 = 现货量 ÷ 合约价值

合约价值的计算公式为：

股指期货的合约价值 = 期货指数 × 合约乘数

这里要对合约乘数做一下解释，在股指期货中，其指数值是货币化的，期货的股票指数每一个点代表一定的货币金额，这个货币金额就是"合约乘数"。比如沪深300股票指数期货合约的合约乘数是每点300元；深交所设计的是每点100元。

【例12 - 6】某开放式指数基金现货量为6000万，套保开始当日股指期货指数收盘为3812.085点，合约乘数为300，不考虑资金成本及交易费用。计算所要的套期保值的股指期货合约的数量。

则简单对冲所需股指期货合约数量 = 60000000 ÷ （3812.085 × 300） = 52（份）

【例12 - 7】某投资机构持有市值850万元的股票组合（该组合与沪深300指数之间的贝塔系数为1.2），拟在3月上旬股票分红完毕后卖出该组合。由于预期3月初市场可能下跌，于是决定采取套期保值策略。假定此时该股指期货合约的价格为2990点，沪深300指数为2980点。套期保值的基本操作步骤如下（不计手续费等其他费用）：

计算合约数量：根据"数量相当"原则，用于套保的期货合约总价值应与现货资产的"修正价值"基本相当。

该股票组合的修正价值为：850万元 × 1.2 = 1020（万元）

一手IF1005合约的价值为：2990点 × 300元/点 = 89.7（万元），因此，应卖出IF1005合约的数量为：1020万元 ÷ 89.7万元/手 = 11（手）。于是该机构即以3000点的价格卖出开仓11手IF1005合约。